识干家

企業閱讀　學以致用

欧博心法

曾伟◎著

好工厂 这样管

中华工商联合出版社

图书在版编目（CIP）数据

欧博心法：好工厂这样管/曾伟著．—北京：中华工商联合出版社，2014.3

ISBN 978-7-5158-0846-8

Ⅰ.①欧…　Ⅱ.①曾…　Ⅲ.①佛学－应用－企业管理－研究　Ⅳ.①F270

中国版本图书馆 CIP 数据核字（2014）第 034457 号

欧博心法：好工厂这样管

作　　者：曾　伟
责任编辑：于建廷　效慧辉
责任审读：郭敬梅
封面设计：久品轩设计
责任印制：迈致红
出版发行：中华工商联合出版社有限责任公司
印　　刷：三河市文阁印刷厂
版　　次：2014 年 4 月第 1 版
印　　次：2014 年 4 月第 1 次印刷
开　　本：787mm × 1092 mm　1/16
字　　数：200 千字
印　　张：13.5
书　　号：ISBN 978-7-5158-0846-8
定　　价：45.00 元

服务热线：010－58301130
团购热线：010－58302813
地址邮编：北京市西城区西环广场 A 座 19－20 层，100044
http：//www.chgslcbs.cn
E-mail：cicap1202@sina.com（营销中心）
E-mail：gslzbs@sina.com（总编室）

凡本社图书出现印装质量问题，请与印务部联系。
联系电话：010－58302915

博瑞森图书：企业视角　本土实践

亲爱的读者朋友：

也许您是博瑞森图书的老读者，也许是新朋友，欢迎您阅读博瑞森图书！

当今中国，各行各业都存在着转型升级的压力与机遇。博瑞森图书与您一同应对转型挑战并发现其带来的机遇。

我们一直在问：什么样的书能为您解决管理难题并带来启发？

我们一直在找：哪些作品能帮助企业从跟随到领先？

我们一直在做：把最好的作品以最便捷的方式呈现给您，纸质版、电子版、听读版、书摘邮件、微信……

我们策划图书的原则是：

- 企业视角——与您一样，做水中的游泳者，而非岸上的观众或教练，企业的困惑就是我们的任务。
- 本土实践——与您一样，立足本土环境，追求卓越实践，传播最适合当下中国企业的管理之道。

针对部分读者朋友提出的“道理都懂了，但还是不知道怎么做？”2014 年，我们将推出“作者见面会”，内容涉及营销、管理、生产、HR 等诸多领域。让来自实战一线的专家作者现场指点、传授。

如果有一天，您把博瑞森图书视为您优秀的事业伙伴、管理助手，我们也就实现了自己的梦想。

博瑞森图书
010－51900529
bookgood@126. com

管理要在“心上用力”

广东欧博企业管理研究所所长　曾伟

管理学是西方的，而我们企业中的管理者和被管理者却是东方的、中国的，这里是否会有矛盾呢？

我们看一看大量企业存在的现实：流程制度流于形式，无人执行；绩效考核弄虚作假，数据失真；ERP系统上了没用，几近瘫痪……这些基于西方管理思想的管理工具，在中国大量的中小企业几乎都遭遇了尴尬的局面：形式上有，实质上无。

水土不服！

西方社会是契约社会，人与人之间依据彼此明确的约定来行事；而中国社会是伦理社会，人们依据所谓的“天理”来行事。这种天理存在于每个人内心深处，可以认为是一种良知，良心。所以中国人的行为标准在内，不在外。

于是，从人的内心入手，在中国式管理中就变得尤其重要：如何开启人内心的智慧？如何开发人内心的潜力？如何冲破人内心的关卡？就成了中国式管理的关键。

制度当然是重要的，但外在“有形有相”的制度如果不能与人内心“无形无相”的“天理”融合，制度肯定会流于形式，因为中国人更多地听从内心的召唤！

这是一本试图从“心”上解题的管理杂谈，是作者历时十年，带领一支一百多人的专业管理咨询团队——广东欧博企业管理研究所，对四百多家企业，几万名员工实施深度变革所深刻领悟到的企业人心开发之道。

开发人心，重在开发自心。

西方管理以“计划”为始，以“控制”为终；中国式管理则强调以“觉”为始，以“感”为终。将“觉知”作为“计划”的核心，你就能随机应变，让“计划”跟上变化；用“感应”替代“控制”，你就能化敌为友，让对手成就自己。

一切都是你的内心感召来的，在心上用力吧！

2014 年 1 月 23 日

目录

[第3章] 如何提升产品品质

[第4章] 稽核才能有效果

[第5章] 如何激励员工

[第6章] 管理最终靠改人

[第7章] 欧博工厂管理的精髓

[第8章] 信念比理念重要

第 1 章 如何提升生产效率

❶ 把管理的重心提到生产之前

解决生产问题，要从管理部门入手。

生产计划部门不要总认为无法出货、品质有问题，就是生产部门、车间、工人没做好，而对于自己这一块的问题，如生产的计划、物料的控制等，却从来不检讨。这样不能解决问题，我们首先要从自己的角度来思考问题、发现问题。

我们把“生产管理”拆开来看是两个词：生产和管理。

从“管理”的角度看，很多企业最明显、最直接的问题就是我们企业的管理动作非常之少。这是不容否认的。

生产管理上的生产动作往往是不能少的，少了一个东西，产品就做不出来。而管理动作少了，却很容易被我们忽视。企业大量的生产问题是从哪里产生的？就是因为管理动作少之又少产生的。

很多企业的“生产管理”几乎只有“生产”，没有“管理”：业务部接到订单就甩给生产部门，至于什么时候生产、怎么生产，甚至买物料、催物料都是生产部门自己的事。生产部门不知道仓库究竟有没有物料；下一个车间不知道上个车间的东西什么时候能交到自己这块；正在生产的东西究竟什么时候要出货；究竟生产的是哪个订单的……这些问题，生产部门往往都搞不清楚，也没有人管。很多企业要么就没有计划部，要么就形同虚设，没有发挥真正的管理作用。总之，大量的企业都是有“生产”，无“管理”。

我们欧博企业管理研究所在帮助企业提升生产效率的过程中，主要从增加管理动作入手，取得了明显的效果。

我们一般会增加哪些管理动作呢？

增加的管理动作有订单评审、交期分解、主生产计划、主计划排查、月计划、月排查、周计划、周排查、日计划、日排查、生产协调会、车间对单会、工序对单会和车间看板等，这些都是管理动作。像订单评审、交期分解、主计划、月计划、周计划、日计划、月排查、周排查、日排查，这些都是生产前管理部门要做的动作，主要是计划部这个管理部门要做的动作。

这些大量的管理动作贯穿了一个指导思想：**将管理的重心从产中提到产前**。这是管理部门在自己身上用力的招。事实证明，这样出招，的确管用。

要提高生产效率，我们欧博没有太多的从增加工人的生产动作入手，而是增加生产管理的管理动作：**增加管理动作的数量和增加管理动作的频率**。因为管理动作没有一定的频率也是没有用的。

除了产前需做大量的管理动作外，产中还需要实施许多的管理动作，例如生产协调会、车间对单、工序对单、车间看板管理、异常快速处理，这些都是生产过程中的管理动作，绝大部分也是计划部这个管理部门牵头或参与的。总之，只有在生产过程中增加管理动作，生产才会顺畅和高效。

生产完成后，我们还要通过增加考核、PK、稽核等管理动作来对一天的生产活动进行总结。大量管理动作的增加才会带来生产的高效。

说企业中没有管理是假话，说管理人员一天到晚没有干活是假话。他们很忙很累，但那是救火式的累。没出问题什么事都没有，一出问题就上蹿下跳。我们必须把救火式的累，变成消防式的累。这样才会累而有效，甚至有效而不累。

所以，遇到生产管理的问题，管理部门要多从自己的角度检讨，从增加自己的管理动作出发，服务好生产，而不要总是去抱怨车间。

②

快速出货：给订单装上“GPS”

为什么很多企业做不到敏捷生产、快速反应？

我相信企业里面没有人故意拖着不出货或故意搞破坏。每个人都希望快速出货：业务部等着拿提成，生产部等着拿奖金，老板也是急着赚钱。

既然人人都想快，为什么快不起来呢？这是因为企业大量的问题和异常造成了我们没有办法做到快速反应、敏捷生产：一会儿是产品大批量返工，一会儿是供应商的物料还没送到，一会儿是车间里走了十几个同村的人，一会儿又是设备坏了……

面对这么多随时可能出现的异常，任何思考都是无能为力的，这叫“人算不如天算”。唯一的办法就是随时随地保持觉知，快速发现问题、立马解决问题。

觉知问题比解决问题更重要，如果缺乏觉知，问题就会累积，到了最后要解决的时候，我们往往无能为力。所以，觉知问题才是杜绝问题的关键。

很多时候，我们看到老板怒眼圆睁、青筋爆裂，员工们却泰然处之：业务部说订单早就下了，计划部说早就安排计划了，生产部说天天到仓库领不到料，仓库说采购没回来，采购说一天催供应商N次。大家都说不是自己的责任，老板又不知道他们哪句是真哪句是假，最后只能无言。所以，不去觉知问题，就肯定出现问题。

给订单装上“GPS”

很多企业不能做到敏捷生产、快速反应，很大程度上是由于自己的迟钝所造成的，而不是客户的原因，迟钝又是因为不知情所致。所以，我们有必要给订单装上“GPS”。例如订单下达之后，今天走到哪一步、明天走到哪一步，要一步一步地搜索，就像卫星定位搜索一样，一下就能搜索到这个订单在哪里、材料在哪里，一发现有问题，我们就能立刻解决。

欧博敏捷生产的“GPS”由以下三个部件构成：

第一个是日计划。有的企业以为欧博搞日计划是为了压任务。我们早期推行日计划的时候，有个欧博项目组长就质疑：“异常太多，即使搞了也完成不了。”我说：“把日计划理解成一个压任务的计划就错了。**日计划首先是一个觉知手段，是一个放大镜、望远镜。”尽管在我的坚决要求下，他不得不执行，但这个组长对日计划还是心存疑虑。**

刚推日计划的时候就发生了一件事：当时，这位组长负责的这家企业的正常产能是一天2000件，结果有一天只做了200件。我一听就说：“这是好事啊。”那个组长说：“2000掉到200，还是好事？”我说：“我们可以从这个问题着手，查清楚问题的所在。”

于是他们顺藤摸瓜严查下去，发现是某个工序卡住了。其实，这个问题并不是在推行日计划后才发现的，企业的人早就知道，但不知道严重到什么程度。从2000一下子变成200，老板和大家都意识到了问题的严重性，都意识到瓶颈损失的产能是整个工艺流程总的产能、是整个厂的产能。

瓶颈卡的不是一个地方，前面堵，后面就停，这是必然的。面对巨大的产能损失，老板下定决心，于是第二个星期大家就全力以赴做瓶颈攻关，瓶颈解决以后，总产量迅速提升上来。

所以，日计划为什么有用？因为日计划能发现异常，能把异常量化地反映出来。

有了日计划，我们就能通过与每天正常产能的比较，发现哪些地方慢了、堵了、问题有多严重。没有日计划，我们就不知道生产节奏的快慢，就误以为一切正常。日计划就等于每天拿放大镜照一照，看我们的生产有没有问题。发现问题后顺藤摸瓜，特别是找到前道工序的问题，这就等于是给企业安了一个望远镜。

此外，日计划要下达到班组、机台和个人。也就是说，日计划在时间单位上要以天为单位做管理，在空间单位上要以人为单位做管理。

日计划可以说是欧博的灵魂，没有日计划就没有欧博。

第二个是日备料。日备料和日计划是对应的，日计划针对的是生产管理，日备料针对的是物料，即每天对物料进行管控。欧博的日备料不仅是备物料，它还包括该准备的一切生产资料，如设备、图纸、人员、资料等。

备料是为生产做准备的。没有备料，生产过程中**总会出现**这样那样的问题，浪费了时间，也降低了效率。

我们欧博的备料制由以下三块构成：

大备料：接到订单以后，在进行订单评审时就要开始备料，订单评审后形成交期分解，确定各部门的时间节点以及主计划，再进行物料的全面排查。

中备料：也就是**周备料、周排查**。每周的计划形成后，就马上排查所有的物料，然后根据实际状况做出调整，调整后再安排计划，这样的计划才是可执行的计划。

小备料：中备料、中排查后，还要做**小备料、小排查，**包括日滚动排查、三天滚动排查或者五天滚动排查。滚动排查的天数可以根据企业的实际情况来定，但滚动排查的思想非常重要。

我们如果能够做到大备料、中备料（周备料）、小备料（日滚动排查），物料就不可能有异常，我们就能在生产上快速反应了。

第三个是日协调。有些问题是日计划、日备料都查不出来的，那就面对面地问，当面对单。例如装配车间、组装车间每个星期跟业务部对一次单，对完后要签字。如果不与业务部对单，很难随时掌握客户的情况和变化，更难追究业务部门的责任。

对单还包括车间跟车间对、工序跟工序对、物控跟采购对、采购跟供应商对。

订单跟踪最简单的动作是对单、设置看板、控制交接单及日报表（以车间为单位）和召开协调会。日协调动作如果没有这些东西相配套，往往是蒙人的，大家都在讲假话，我们就无法觉知到真实状况。

日计划、日备料、日协调都是对生产状况的觉知，它们是生产管理组合拳的前三个单元。企业首先要将这三个动作做起来，才能知道订单卡在哪里，才能马上对问题进行处理，最终才能顺利而快速地出货。

总之，觉知问题比解决问题重要，这是做到快速反应的关键。

③
日计划：把任务压到每个人头上

管理首先要做到把任务落到每个人头上

我们先看两个实例。

东朋化工管理变革的项目实施只有两周，油墨车间的日产量就提升了100%以上。10月的日平均产量是5008，到了11月的时候，日平均产量是10613，两周时间至少翻了一倍。取得这样的效果，我们欧博在东朋化工做了什么动作呢？实际上，核心的动作就是日计划，就是把任务每天下到每个机台。

同样，亿诺的变革项目只实施了一个星期，换模效率就提升了一倍，换模时间从90分钟减少到了45分钟以下，减少了一半的时间，使整个生产效率大幅提升。我们所做的关键动作只有一个，就是备模。原来换模的时候没有事先准备，临时找模，换模时间就被拉长了。

一个是日计划，让产量翻了一倍；一个是换模的小动作，让效率提高了一倍。大家从这两个小例子里得到什么启发呢？

我想大家应该看到：**管理其实很简单**。管理并不难做，那为什么企业里面还有很多问题解决不了呢？

我认为有两个原因：

第一个原因就是激励不够。问题谁都知道，但是谁都不去解决，为什么？当领导的依赖下面做事的人去解决，下面做事的人又没有积极性去解决，最终大家谁都不去解决。

所以，大家不要把管理看得很复杂，管理复杂只是简单的事情没人做，为什么没人做？没有动力，也没有压力。动力是什么？动力是做好了有好处。压力是什么？压力是做不好有坏处。

第二个原因是我们的工作不够细化。不细化，就没法给压力，也没法给动力。

现实的状况就是这样：我们规定的任务完成时间不细，下达的任务不细，讲什么都很笼统。就像很多老板所说的，只要结果，不管过程。很多管理人员也学着这样：只负责将达到多少，奖罚多少定出来，但怎么做到却不管。中间过程没人去管，没人细化，实际的结果就是没有办法把任务、压力真正地落实到每个人头上去。

所以，管理的第一项工作是把任务落到每个人头上去。

我们学海尔，不要学别的，学好海尔的 OEC 就很好了。

OEC 是什么？就是把任务细分到每个人头上，落到每一天。OEC 就是每人、每事、每天，每一件事有具体的责任人，每个人每一天有明确的任务、有明确的责任。这就是海尔的管理基础，海尔的市场链、价值链理论都是建立在这个基础之上的。

所以，我们现在要做好简单管理，做好基础管理，不要急于进行什么价值链管理、市场链管理，做好 OEC 就能大幅度解决问题。我们欧博的日计划就是 OEC，备模也是 OEC，都是每人、每事、每天，核心思想是将管理的重心放到每一天、每个人身上去。

要把任务的桃子放到恰当的高度

真正要把任务落到每个人头上，并且要让人们接受，任务就不能定的太高，也不能太低，要让他跳起来能摘到桃子。桃子不能离得太远，否则跳起来也摘不到，下次他就不跳了；但如果你把桃子放到他嘴边，他一动嘴就可以吃到，那也不叫管理，这样，他照样没有积极性。

管理很简单，管理也很麻烦，两句话结合起来管理就容易看懂了。有些人说麻烦和简单矛盾啊，麻烦和简单不矛盾，简单和复杂才矛盾。麻烦的意思是谁都可以做，但要花时间、花精力，并且还要反复做，也就是要你全身心投入进去做。

因为简单，你就不要搞那么多花花绿绿的名堂；而因为麻烦，你就要有耐心，一步一步地做，要身心投入，要细心、细分、细化。

4 用欧博的“三九控制法”做好生产日计划

无论是现场改善，还是制订计划模式，欧博都强调动作的到位和动作的力度。怎么确保动作的到位、动作的力度呢？在动作中贯彻欧博的“三九控制法”。我们要把“三九控制法”当成盐，把动作当成我们的菜，菜里面没有盐是吃不下去的。

生产日计划中怎样贯穿欧博的九大控制法呢？

第一个方法，限制选择法。

日计划对生产部门或车间做什么、做多少和什么时间做完都做了严格的规定，这就遵循了限制选择法。以前很多企业不做日计划，由着车间乱来，车间想怎么做就怎么做，想做多少做多少，结果效率低、出货准交率低。**欧博日计划彻底改变了这种现状，它通过日计划对生产过程实施了严格约束。**

欧博管理的基础是约束，佛家的基础是持戒，军队的基础是服从。我们工厂没有佛家那么超脱，没有军队那么严格，但比我们超脱的讲持戒（约束），比我们严格地讲服从（也是约束），我们在中间，怎么可能不强调约束？所以**必须要懂得持戒、约束、限制。**

所以车间要有日计划，仓库备料要有日计划，采购也要有日计划。

欧博做过的成优案例的采购准交率从40%提高到93%，外发准交率从40%提高到100%，就是靠严格的采购管制表、采购日计划实现的。

第二个方法，横向控制法。

有些企业推行日计划没效果，一个基本的原因，就是没有横向控制。为什么？

很多企业的日计划由老总安排给厂长，厂长安排给车间主任，车间主任安排给班组长，这叫纵向控制，这样日计划的效果会大打折扣。

一个原因是纵向控制彼此涉及利益，会导致大家互相给面子，影响控制效果。

厂长和车间主任是上下级关系，是上下级关系要不要互相给面子？如果厂长把车间主任弄得鸡飞狗跳，个个都不肯干，老板会说这个厂长可以走了。

所以，厂长总得给下面人几分面子，何况有的车间主任就是厂长自己提拔上来，更得给面子了。

互相都给面子，还如何做管理？

这就需要横向控制法了：我是计划部门的，你是生产部门的，我和你不是一伙的，我给你压力正常，因为你影响不了我的升迁，影响不了我的利益。所以，**有横向控制就不怕得罪人。企业的管理差，差就差在人们的面子观念重，不想得罪人。**

横向部门有时即使闹点矛盾，厂长、老总出来调解，也是可以避免矛盾的激化。

再一个就是厂长也不可能天天盯着车间里的每一件事。

我们的日计划安排下去之后，一般要两小时检查一次，要随时随地掌握每一个异常，并进行协调。一个厂长怎么可能每两小时去查一次？但 PMC（计划部）就有可能，因为它有专人跟进。

第三个方法，三要素法：标准、制约和责任。

日计划规定了要完成什么、完成多少，这就是标准；计划员要经常检查，这就是制约；完不完成要进行考核，这就是责任。

我们很多企业的日计划安排下去了，完不完成没人检查，完成没奖，完不成没罚，这样的日计划当然没有用。

当然，要让日计划可以实施奖罚也不是件容易的事，这需要做好备料排查、生产协调、瓶颈攻关等工作。

第四个方法，分段控制法。

其实从日计划的“日”字，我们就可以看出日计划是每天要进行的，这就是分段控制。考核是每天进行，下任务也是每天都要进行的，这也是分段控制。有的企业来了订单，做得出来，很好；做不出来，也没办法，因为没有每天去管。所以，只实施月计划、周计划不行，必须要实施日计划。

第五个方法，数据控制法。

每个日计划都必须有明确的数据，例如今天要完成多少，你不能用“好多”、“很多”描述，要有具体的数字。

现在很多企业就没有数据概念，许多人就喜欢说“非常、重要、关键”之类的词。例如，“下个月我们要大幅度提升产品的品质”，大幅度是多大？难道天天要拿一把尺去量？或者，“目前我们的客户投诉非常厉害”，非常到什么地步？不是用形容词就是用副词，笼统又模糊。

你应该用什么词？**用数量词、动词，动词就是要做的，数量词就是可以衡量的。**

日计划就是具体的数据，完成多少是具体数据，奖罚金额也是具体数据。

第六个方法，稽核控制法。

日计划要有稽核，而且是频繁稽核。要对日计划的执行过程进行反复检查，两三个小时就稽核一次，看看日计划的完成情况，对日计划的最终结果也要进行稽核。

我们企业的日计划都有稽核检查吗？如果你的日计划安排下去，到了下班你都不去看完成情况，这样做，毫无疑问没什么效果的。

第七个方法，案例分析法。

员工的日计划没达成，只有处罚不行，肯定要做原因分析。

主观原因造成的要进行处罚，因为你能做那么多，但没做出来，这就是你的责任；**客观原因造成的就要进行攻关。**

每天针对日计划没有达成效果的原因分析，就是最好的案例分析。如果物料没有及时到，就以这个点做案例分析找原因。哪个采购负责的？供应商是哪家？什么原因造成的？要顺藤摸瓜，把这个瓜摸到。

做日计划不仅仅是为了确保任务能够达成，也是为了发现问题。

日计划完不成一定要进行案例分析，攻关解决。不要仅仅处罚就完事，如果只是处罚，这样的日计划没有可持续性。

管理既要奖罚，又要超越奖罚。不能超越奖罚，你就没法奖罚，没法奖罚就是放弃管理。**案例分析、解决问题就是超越奖罚。**

第八个方法，全员主角法。

现在我们欧博要求日计划落到机台、落到个人，当然要循序渐进一步一步来。日计划落到机台要依靠车间管理人员，不是完全靠计划部门完成的。

要想办法让日计划发动所有的人。计划部要动起来，生产部要动起来，生产部的管理人员要动起来，班组要动起来，每个员工要动起来，千斤重担众人挑，这就叫全员主角法。

第九个方法，持续种因法。

每天坚持日计划，就是持续种因。实施日计划不能三天打渔、两天晒网，做两天又不做了，日计划不能持续，最后就不能形成习惯。

很多企业刚推日计划的时候很不习惯，每天下任务，每天检查任务，有些人就很反感，找各种理由推辞：什么表单没做好、忙、没时间填表等，但最后坚持下来结果挺好的，没有什么不可以。

5 用欧博的“三九控制法”做好产前备料

备料制要配合欧博的“三九控制法”，才能真正帮企业提升效率。

第一，备料制里要有限制选择法：**仓库的物料不能随便拿。**

欧博推行的备料制对谁来拿、拿多少、怎么拿都有严格限制。仓管员备料时也有明确的任务，首先是账面备料，其次是实物备料。

第二，备料制里要有横向控制法。

备料绝对不仅仅是仓库的动作，首先计划部的物控员要滚动排查，做备料计划，在排查和备料的基础上再给仓管员定任务。因此，**物控员对仓管员有横向控制。**

车间领料员对仓管员也要实施横向控制。仓管员给领料员备好了料，领料员还要提前看一下，少了、错了，仓管员要马上调整。

第三，备料制里要有三要素法。

标准：备料备多少、什么时候完成都要有时间标准。根据这个标准仓管员还可以向前控制，可以在备料过程中对采购员实施监督和控制。

制约：如果该回来的物料没有回仓，仓管员可以给采购员开罚单。

这就可以拉动采购员的动作，形成制约。

物控员要检查仓管员的备料情况，不要把一个计划丢给仓管员后就坐等。准备的过程当中出现欠数怎么办？有的仓管员负责任，马上写欠多少，然后提报给你。有的可能不负责任，有欠数他也不管。所以，物控员要监督、检查仓管员，领料员在物料上生产线的前一天要查看实物，看数量是否准确，这对仓管员都是制约。

当然，最重要的是责任。

责任：没有按计划备好料、备料出差错、不报欠，仓管员、物控员都要承担责任，接受惩罚。

第四，备料制里要有分段控制法。

从排查来讲，对备料要有月排查、周排查、日排查的程序，这就会有一个分段。

从仓库备料来讲，有周备料、提前 3 天的滚动备料等，这都是分段进行的，账面备料、实物备料也是如此。

临近生产了，排查就逐渐**由账面排查走向实物排查，**要把实际的物料查清楚，这当然是分段控制的。提前一个星期查、提前六天查、提前五天查、提前四天查，提前三天查、提前两天查，甚至提前一天查，这么查下去，物料还有问题就不太可能了。

做管理说到底就是不厌其烦、反反复复进行。

第五，备料制里要有数据控制法。

备料备多少、欠数多少都要有明确的数据，搞清楚备了多少、欠多少是关键，**备料最重要的目的是发现欠数。通过发现欠数**拉动前工序，拉动供应商的生产。因为提前备料，就可以督促供应商。假如企业的

ERP用得很好、很准，那电脑一按，欠数就出来了，问题是现在很多企业做不到这一点。备料制虽然有点土，但能解决问题。

数据控制法的关键数据就是欠数，备料就是围绕欠数做文章的。如果备料发现不了欠数，或者备料发现了欠数但不准确、发现了欠数没有办法解决，那这个备料制就没用。

所以，一定要加上欧博的第六个控制方法——稽核控制法。

就是检查仓管员是否准时备料，有没有按照物控员的要求来备料，关键是检查仓管员有没有准确提报欠数，检查物控员有没有将欠数报到前工序，有没有根据欠数查前工序的生产情况，这是非常重要的。

很多生产型企业物料管控的核心工作就应该是报欠和追欠。

我们有一个项目，刚开始推备料制，每次物料欠多少都清清楚楚，但就是追不回来，怎么办？后来发挥稽核员的作用，追仓库、追采购、追供应商，甚至追到老板那儿去，让老板去施加压力，问题就解决了。

第七个控制方法是案例分析法。

发现了欠数，报出来以后，可以先不进行案例分析，因为这是一个正常的备料过程。但报了欠数以后，相关部门、车间及采购也答应了，立了军令状，说三天以后给追回来，到了第三天该追回的没回来怎么办？

这时**应立刻召开案例分析会，分析为什么采购员答应的物料没及时追回来**？是不了解供应商的情况，是没有紧追，还是其他原因。

要开好案例分析会，否则欠物料的人不重视。**开案例分析会不用罚**

他的钱，而是让大家按他自己解释的原因，进行讨论。当大家抱着一种怀疑的、审视的、批评的眼光齐刷刷地看着他时，他能承受多久？没有人愿意天天被别人这样盯着。

发现欠数后找原因，分析原因，这是案例分析法在备料制中的最大运用。

第八个控制方法是全员主角法。

备料过程中，我们首要强调的就是物控员、仓管员、领料员、采购员等一线员工的作用，说来说去就是要把员工的作用发挥出来，这就是全员主角法。

不要把全员主角法理解成全厂人员都来备料，这样理解就太机械了。**全员主角法的核心就是让最下面的人都动起来。**备料过程中最下面的人是什么人？仓管员，这是最核心的，然后是领料员。

第九个控制方法是持续种因法，也就是说备料这个动作要靠坚持才能做好。

曾经有个项目莎丽卫浴，年产值也是几亿元。欧博刚去推行备料制时，公司原老总就说不会成功的。他说他是三个月前来公司的，一来就实行备料制，无法坚持下去，失败了。因此，他劝我们千万不要实行备料制。他是失败了，但失败在哪儿他却不知道。

他后来把失败的原因归结为仓库的账物卡不准，他认为必须把仓库的账物卡做准确，才能实行备料制。我说不搞备料制仓库账物卡就永远准不了。因为仓管员搞出100%的准确率也没用啊！

让管理从需求开始，然后我们去满足它。不要让管理从要求出发，只有管理要求，管理是很难做好的。要懂得创造管理需求，其实备料制就是仓管员把账物卡填写准确的一种管理需求。

只有实行备料制，仓库账物卡的准确性才显得非常有意义。否则车间领料员来了就拿，拿了就走，拿多拿少无所谓，账物卡准和不准又有什么意义呢？

但账物卡不准，备料制的确又难实行，怎么办？慢慢来，边备料边对物料进行严格地建卡建账，同步进行、同步完善，这叫进化。当然，在这个过程中要只安排任务，只奖不罚，否则适得其反。

做管理必须有互动，任务和条件要互动。完成任务需要条件，没有条件完不成任务。而这个条件从哪里来？你不下达这个任务，他就永远不创造这个条件。

这就像是先有鸡还是先有蛋的问题。实际上，蛋和鸡都是进化来的，鸡原来不是这样的鸡，蛋也不是这样的蛋。人都不是现在这样的人，人是类人猿进化来的。人是互动来的，不断地劳动、不断地实践、不断地进化，就变成了人。

进化是一切事物的根本。进化意味着行动，所以**不论条件是否具备，都要动起来再说，在行动中逐渐完善**。进化还意味着持续发生，所以凡事都要注重坚持，坚持才有一切。

⑥ 怎样开好生产协调会

生产协调会，又叫生产调度会，一般用来调度、平衡企业的生产进度，研究解决企业各部门、各车间不能自行解决的重大问题，是企业每天生产运作管理活动的一个重要会议。

怎样才能让生产协调会成为一个高效的会议呢？要开好生产协调会，就必须在生产协调会中也贯彻欧博九大控制方法。

第一，限制选择法。即会议主题控制、时间控制。

首先要明确召开生产协调会的目的，它不是问题讨论会，更不是生产茶话会，因而必须有时间限制。一般是 30 分钟，人均发言时间、部门发言的总时间也要有规定，超过时间就罚主持人。既然开会的时间短，参会人员就必须提前把会议材料如表单、数据等准备好。

为什么有些企业的生产协调会开不好？因为没有限制。开会的人不带数据、不带表单，现场拍脑袋胡乱发挥，光凭记忆讲话，信口开河、离题万里、没完没了，浪费自己的时间，也“谋杀”别人的时间。

其次要明确生产协调会的性质。生产协调会不是问题解决会，很多问题也不是半个小时能解决的。生产协调会的**主要内容是总结前一天的任务，把次日的任务分派下去，**有什么问题大家各自提出来。如果遇到必须解决的问题，那就要进行攻关，要开专题问题讨论会。不要把常规的生产协调会变成马拉松式的问题讨论会，表面上解决问题，实际上问题还在持续。

第二，横向控制法。

横向控制即参会的各部门要形成互相制约的关系。业务部通报计划部订单完成情况，计划部通报生产完成情况，品管部通报生产品质情况。**各部门形成制约关系，并相互考核。**

生产协调会一般是计划部主持，生产部门、采购部、品管部、稽核部必须出席，有的业务部、技术部也会参加，这些部门之间是横向平行关系。为了更好地体现横向制约，最好先给稽核部3分钟，让稽核部的人汇报前一天稽核的情况，因为稽核部和所有部门都是横向制约关系。

生产协调会上一定要强调横向控制，发挥平行部门的相互控制作用，不要让老板、老总或厂长一个人讲几十分钟，然后散会，这就没有意义了。

第三，三要素法。

标准：生产协调会一定要形成决议。开了会没有决议，决议写成文字不追究、不跟进，完成完不成又不管，这样的生产协调会根本就是在做无用功。

制约：要把任务明确地布置下去，并形成标准，将任务分配到人，将责任落实到岗。

责任：必须由稽核部对完成情况进行跟进检查、总结，进行责任追究和奖罚。

决议、跟进检查和奖罚共同构成了生产协调会的三要素。其实很多企业开生产协调会效果不佳，就是缺乏这个三要素法，就像水烧到99℃，差1℃，就是不沸腾。

第四，分段控制法。

生产协调会每天开，生产的问题被分隔，一天一天解决，生产任务也被一天一天分派下去，这就是分段。会上每个部门的发言时间也有分段，可以是1分钟、3分钟，老板发言也要控制时间，不能随意。

第五，数据控制法。

生产协调会是生产型会议，参会的各部门要**带着表单、数据来，带着表单、数据走**。前一天的任务成为数据在表单中体现，下一天的任务也要以数据体现，在表单上列明，这是生产协调会的基本要求。生产协调会要统计任务的完成情况，要有完成率、合格率，这些都是数据，生产协调会离不开数据。

第六，稽核控制法。

生产协调会刚开始，最好让稽核部的稽核员把头一天各部门生产任务的执行情况简单地通报一遍。会议进行当中，对于违反会议制度的行为，如接听手机、随意走动、讲话超时等，稽核人员当场开罚单。该回来的物料，当天一查没回来的，稽核员介入，该罚的罚。所以，稽核控制法在生产协调会中是通过稽核员的动作来实现的。

第七，案例分析法。

生产协调会是每个部门发现问题、检讨问题的最直接的方式。生产任务没完成，物料没有回来，现场做检讨，现场做分析，现场说明原因，之后再追踪。所以，生产协调会需要各个部门对前一天的工作进行评估。好，表扬；不好，批评。

第八，全员主角法。

生产协调会是跨部门会议，各个部门要有问题说问题、有需求说需求，能解决马上解决、不能解决的放到会后专门会议讨论，这是全员主角法。绝对不要把生产协调会开成计划部的一言堂，厂长的一言堂，老板的一言堂，品质部的一言堂，每个部门都必须发挥它的作用。

第九，持续种因法。

为什么欧博提出每天要开生产协调会？就是避免问题堆积，使问题能快速觉知。如果一个星期开一次生产协调会，问题起码堆了七天，发现时就晚了。把生产协调会持之以恒地开下去，持之以恒、频繁地发现问题，就是生产协调会的持续种因法。

生产协调会绝对不能有问题就开，没问题就不开。为什么？没问题不代表真的没问题，只是我们还没有发现问题，问题还没有暴露而已。所以，生产协调会必须每天开，走过场也得照走。

形式坚持久了，就能够在人们的潜意识里逐渐形成习惯。坚持开生产协调会，久而久之，企业给人的感觉就有模有样、有规有矩。**制度不是文件，制度是一个一个的动作。**坚持开生产协调会，就能让人们看到生产协调会是企业的一个制度。

7
怎么解决尾数问题

尾数和欠数是很多工厂普遍存在的问题。企业出货时的尾数是指整个订单都做完了，却或多或少地欠些东西，导致无法完整出货的情况。

这个经常被企业当作行业的难题究竟如何解决呢?

尾数问题是积累出来的

我们首先要搞清楚尾数是怎样形成的，尾数不是莫名其妙地在出货时冒出来的，它的形成有一个过程：从空间上来讲，是一道道工序形成的；从时间上来讲，是一天天形成的。

首先，从空间上来看，尾数表面上是尾部的欠数，但其实并不只是最后工序的欠数，而是**所有工序的欠数累积到出货时，才发现的欠数。**

生产过程中，我们往往会因为开料的损耗过大或品质问题严重，造成大量报废或返工不及时等问题，都可能在第一道工序时，就产生欠数。那么在产品向后工序流动的加工过程中，每道工序都有可能因为品质问题导致的超标报废、返工不及时、超标损耗等产生欠数，这些一道道工序产生的欠数累积到出货时，就会形成难以解决的“清尾难题”。

其次，从时间上看，尾数是日积月累产生的，是因为刚出现欠数、出现品质问题、损耗问题时，企业人员听之任之，从而造成尾数问题。企业人员往往当天不解决问题，第二天问题又累积了，最后累积到出货时，谁都掩盖不了了，就变成了一个大问题。这就是所谓“清尾难题”的根源。

面对尾数问题，很多企业的管理人员都认为几乎没有办法解决，所以，他们往往听之任之。而所谓的没有办法，其实质是没有一次性的解决办法，因为尾数问题是若干点、若干环节、若干天累积产生的，当然没有办法通过一个动作、一天、一次来解决。

解决尾数问题要靠一道道工序抓、一天天抓。

现在企业员工做事的习惯就是希望做一件事解决十个问题，这是管理者的通病。我们要转变思维方式，让思维方式回到原点，**要有做十件事解决一个问题的思维和习惯**。我们把一个尾数问题的产生看成是由十个问题导致的，我们就要用做十件事情的方式来解决一个尾数问题。

欧博用这样的思维解决了很多企业的难题。有些人觉得欧博很厉害，其实不是这样的，我们就是比别人勤快一点而已。管理其实很简单，只要你形成“做十件事解决一个问题”的习惯就好办。

所以，**解决尾数问题要一道道工序抓、一天天抓，发现欠数马上补数、马上返工、马上维修**。管理就是把很小的单元抓住之后，进行无数次的循环，所有的管理效果都产生在无数次的循环当中。很小的单元是什么？就是每人、每事、每天。无数次的循环是多少次？就是你的企业存在多少年就循环多少次。

大家一定要知道，一定的量变产生质变。假如人能活到100岁，按每天睡一觉、每天吃三顿饭、每顿吃三碗计算，我们就要睡 36500 次觉、吃十万多顿、三十多万碗饭，呼吸若干亿次，这样才可能长命百岁。但光看这些数据，我们就被吓住了，就认为会很难，实际上不难。

我们认为难的事情，只要习惯了就好办，我们天天做、反复做，就能不知不觉地解决问题。管理就是如此。

8
四个案例的启示

以下四个欧博项目说的是如何确定提前量、如何频繁排查做好生产管理的案例。

【案例一】：美居师项目通过多重排查，订准生产计划

美居师项目为了把一个日计划做准，月计划、周计划都做了多重排查，月计划用 8 天时间反复排查物料情况，周计划用三到四天时间排查，最后是日计划持续排查。

为了杜绝异常，**首先我们只能增加提前量，**否则生产过程出现各种异常，会降低工作效率。举个简单的例子，假如我们生产 1000 件产品，我们是先加工完 1000 件产品后再交到下工序的流动速度快，还是加工 100 件就先交 100 件的流动速度快？肯定是加工 100 个先交到下工序的速度快，这样下工序就可以先加工这 100 个。那么接下来当本工序加工剩余 900 件产品时，下工序就可以同时加工那 100 件先交的产品了，这叫并行作业。提前排查利用了工业工程里的并行作业的原理，工人加工现在的产品，我们就提前排查后面要生产的产品的物料状况，这样管理人员的工作和工人的工作恰好可以平行作业，这种平行作业可以缩短生产周期。

其次排查的频率要高。例如，提前一个月排查，但不能只排查一次，因为排查完了又会有异常出现，所以还得进行周排查，直至日滚动排查。

【案例二】：阳光制锁项目通过多重报欠，提高了采购准交率

这里的多重是五重，从物控员、采购文员、采购员、仓库人员、车间主管五个方面报欠。报欠就是排查欠料。抓物料首先要从抓欠料开始，欠哪个工序的，欠多少，都要搞清楚。欠料不仅是指外购，还包括自制件。

报欠除了排查采购的物料，还要排查前工序的欠料。前工序是按时间表进行的，如果我们能不断地查出前工序的欠料，就一定能够拉动前工序的生产，这是欧博前推后拉的生产管理方法。报欠出来以后，要是物料还回不来，这时我们的横向控制就要发挥作用了，就要一个部门一个部门地往前紧追。

【案例三】：三雄极光照明项目如何延伸管理

三雄极光照明公司的规模比较大，年产值有十几亿元。三雄公司外协中心占的比例也较大，他们在市场、品牌方面做得很好，所以，内部的产能往往满足不了市场需求，就需要进行 OEM（别的厂家代工生产）。

OEM 很难管，下订单之后，供应商什么时候能交货，根本不知道。

但我们欧博在做这个项目时，采取了管理延伸的方法，把三雄的管理延伸到了供应商那里，较好地解决了这个难题。我们把供应商当成自己的车间来管理，给他们下月计划、周计划、日计划，然后让他们把排产计划给我们审查，最后我们派人到供应商那驻厂跟进检查。

这种把供应商的生产计划和本企业物料的采购计划完全融合在一起的做法，就是把管理延伸。对此，三雄极光照明的老板很高兴，他花一个项目的钱相当于做了 5 ~6 个项目，因为他的供应商也跟着得到了提高，这样企业的生产管理就顺畅多了。

【案例四】：宏泽电器项目通过多重排查提高产品质量

我们不要把质量问题动不动当成技术问题或设备问题，很多质量问题，是可以运用多重排查的方法来解决的。

原本宏泽电器的品质问题搞得大家焦头烂额，老板也非常头痛，企业的管理人员也都表示没有办法解决。后来我们欧博策划部经理亲自去宏泽电器设计了上线前后的品质五重排查机制，重点是同类产品在以往生产过程中出现的品质问题的排查，以及上线前的多重试装等。通过这种层层把关，品质合格率立马提升，异常工时大幅下降。其实达到这样的效果很简单：提前，就能找到对策。

我们解决问题就靠增加提前量，反复进行多重排查。

第 2 章
如何做好生产计划

9 异常频发，生产管理怎么做

不管做什么事，我们都会跟已知和未知打交道。

做生产计划，已知的事是客户的交期要求、工厂的人员数量、设备的台数、工艺路线、产品的材料构成、仓库物料的数量和物料清单。当然有的企业连物料清单也是未知。

但根据这些已知我们能不能做好计划呢？其实是不能的。为什么？因为还有很多未知，如采购周期、设备状况、品质状况、人员心态等。物料采购回来的准确时间往往未知，供应商答应的时间不一定就是准确的时间；设备也有很多未知数，有可能产品开工后，设备就突然停了；企业的品质状况也有很多未知数，更不用说人员的心态了。

做好生产计划的两个基本动作

企业做什么事都同时面对已知和未知，那怎么办？很简单，把未知变已知。欧博做企业变革的时候，在生产计划这一块，有两个基本动作是必须要做的。

第一个动作就是必须把物料清单做准确。不然你的产品由什么材料构成你都搞不清，生产就没法安排，物料也没法购买。这是一个基础工作。

第二个动作就是必须把账物卡做准，搞明白仓库物料的真实情况。

但并不是所有的未知都能变成已知，有很多未知没有办法变成已知，为什么？因为它没有掌控在你手里。供应商物料的交货时间和品质会有很大的波动，而这个波动本身就不掌握在我们手里；很多企业的设备，本身就不是一手设备，二手三手都有，设备经常要维修也是很难避免的；最严重的是企业的人员，他们有各种各样的想法，可能干着突然就不干了，谁能够完全控制这些未知呢？

对于无法预知的未知：频繁应对、快速调整

“频繁应对，快速调整”是我们面对瞬息万变的企业现状所制订的一个基本对策或者说是基本原则。我也把这个原则称之为非稳定企业的生产管理运作计划模式。

为什么这么说呢？因为我们**现有的、大学里讲的计划模式都是针对稳定态的企业来讲的。**稳定态企业的采购周期、生产周期和生产的各个要素都是相对稳定的，都是可以相对标准化的。

稳定态企业的生产管理与已知条件打交道，而非稳定态企业的生产管理更多的是与未知条件打交道。你不知道到底有多少物料能够准时回来，不知道设备到底会出什么问题，甚至客户的订单交期说不定又变了。

那么已知条件不具备，很多东西是未知，我们怎么办？**要懂得以变应变，运作的过程中不断把未知转化成已知，**一等已知条件具备我们就做决策，然后在执行的过程中不断调整。这种打法实际上就是一种频繁互动的打法。

就像篮球运动员上场以后，肯定不是按照场下学的固定套路打球，而是随时随地根据现场掌握的情况变换战术打球。从一上场到比赛的最后一秒，运动员都高度关注对方球员的情况，时时刻刻紧绷着自己的神经，然后频繁地调整自己的速度、方向，找准恰当的位置进攻。

对于非稳定企业的生产管理，我们需要运动员的这种紧张度。

看看我们的企业，在管理人员上班的八小时里，我们有没有非常紧张地应对各种变化？做生产管理的紧张吗？大多数时候不紧张。因为不紧张，所以有什么异常根本不知道。即使知道了也不去管，即使管了，也不管结果。

计划部的人刚上班，电脑一打开，就噼哩啪啦敲一堆数据出来，然后生产计划表、物料需求表就出来了。把表交到采购部，采购部噼哩啪啦敲一通，采购单就发给供应商了，对供应商说："麻烦你按照我的要求把它送过来。"然后就完事了。

生产部呢？生产主管电脑都不敲了，拿一张白纸或便条纸过来，写几个字，这个组做这个，那个组做那个，然后完事了。这样的管理有频繁应对吗？

管理落后就要靠苦干加蛮干

我讲频繁应对、快速响应，有些人说这不是科学的管理，科学的管理就是在电脑前面一敲，各自就做好事情了。这个我承认，问题是你做得到吗？

海尔可以做到4分钟之内将订单全部分解到位。订单输入电脑，经整个ERP系统4分钟运算，这张订单给哪家厂生产、这家厂相应要购买什么物料、车间做什么准备……4分钟之内这些需求全部分解到相应的工作单位，仓库、采购、生产、品质、技术部就会接到各自的生产任务，这就叫人单合一。4分钟的时间，各部门各就各位，这是海尔。

海尔经过几十年的发展才做到现在的程度，做到了科学管理。你认为你能做到吗？不一定。

当科学的管理做不到的时候，笨的办法你又不用，剩下的是什么？剩下的就是偷懒、就是低效。**不要拿科学说事，管理不是科学，不是艺术，也不是技术，对我而言，管理是功夫。**

做管理要扎扎实实练好基本功。那些扎扎实实的基本功中，有一项对我们非常有用，这就是快速反应。车间有异常你能快速反应吗？物料有异常你能快速反应吗？有吗？没有！

欧博计划运作模式体现这个特点的是八个字：**滚动排查，前推后拉**。接单以后通过对主计划排查、月计划排查、周计划排查、日计划排查，把未知的东西变成已知，然后根据出货情况不断调整，根据后面的情况不断调整前面，这就是后拉。

实施滚动排查、前推后拉其实就是希望我们的生产管理时时处在一种动态的管理之中。计划制订后，你就开始频繁跟进，发现异常马上调整，这种动态的紧张才会产生实效。

有的企业也有排查，也有报欠，也有后拉，但没有用，为什么？因为大家根本不紧张。

所以**要真正把生产管理做好，一定要保持一种动态的紧张**。这种紧张表现为以下两点：

第一，随时随地了解计划的执行情况。这个“随时随地”至少是以天为单位的。

第二，出现异常一定要非常紧张地去处理，而且要给别人造成紧张。

现在我们的企业与发达国家的企业相比是落后很多的，他们的效率是我们的十倍。制造同一件产品，人家一百个人干活，我们要一千个人干活，这点我们根本不用怀疑。既然我们的管理这么落后，那我们靠什么提升管理？靠笨功夫，靠苦干加蛮干。

如果效率本身就比别人低，管理水平本身就比别人差，还偷懒、松松垮垮地做，你的企业还能活吗？

⑩ 让计划赶上变化

生产计划为何难实施？因为计划没有变化快！

为什么战略管理在中小企业没什么大作用？**因为工厂变化太快，企业市场话语权太小，必须跟着市场走，所以中小企业的制胜之道不是布局、战略，而是快速应变！**

大学里讲的计划模式完全靠计算，这在中小企业是行不通，因为中小企业的异常因素太多，**中小企业的计划模式应该是应变模式。**

这也是 ERP 在中小企业实施成功率非常低的原因——ERP 针对的是稳定状态的生产，稳定的生产标准工时、稳定的生产周期、稳定的采购周期……而不稳定性正是中小企业的特色所在！

有哪家中小企业可以把自己的采购周期输入 ERP 系统，据此算出物料的正常回来时间？恐怕没有。所以，物料的异常、自身的异常使得 ERP 所必需的基础数据变得没办法准确采集、使用，因为你的数据根本不靠谱！

中小企业这种非稳定状态的计划模式我们该怎么做？欧博提出：

“滚动排查，前推后拉。”

滚动排查分以下几步走：

第一步：订单评审（第一次排查）。接到订单后各部门一起对订单预先做分析、探讨，有什么问题大家一起商量对策，解决不了的就跟客户沟通，能解决的就责任到人，定期解决。

这个动作有的企业没有做，是因为它根本不想靠计划部去管生产，只想靠生产部来自己管生产。但是，生产部管生产有很大的局限性，因为生产过程离不开物料，而物料问题则是生产部没办法控制的，设备和技术也是如此。所以企业必须要有统筹生产运作的部门——计划部。

生产部出现的异常往往都不是生产部自己能单独解决的。例如，生产中发现物料问题，生产部能跑到供应商那儿去吗？不可能，生产部只能去找采购部，**但这样并不能解决问题。**所以出现异常生产部一定要有提报，并且一定要有协调解决的部门，这个协调解决的部门就是计划部。

第二步：交期分解，月计划、月排查。根据交期分解形成各部门的月计划。有的产品周期短，形成不了月计划，只有一个周计划，或者只有主计划就可以了，这要根据生产周期的长短来定。

月计划形成后一定要做月排查。做月排查时，若发现下个月要做的某个产品的采购单还没下，就要立马督促采购下单；若发现上工序还没开始做，就要立马督促上工序。

月排查可以提前一个月发现异常，再针对前工序、采购进行调整，这是一种后面拉动前面的工作，叫后拉。如果异常存在很久都没有被发现，一下子暴露出来，我们往往措手不及，没办法解决它，但如果提前排查出来，情况就会大有不同。

第三步：周计划、周排查。把月计划分解成周计划，明确一周内各工序、各部门要做什么。接着进行周排查，看看上工序和采购的情况，包括技术资料、物料、设备等的排查，如设备有没有问题、工艺是不是完善、检验标准有没有问题、品质会不会有问题。

通过周排查又发现一部分异常，将其提前解决，计划也可做必要的调整。所以，管理除了“频繁”两个字，“提前”这两个字也非常重要。提前预防很多问题，提前把很多问题先解决掉，这是管理的要点。

第四步：日计划、日排查。欧博也把它称为冷冻日计划：明天要做什么？做多少？这些都是定死的，不能改变的。

要注意，**月计划和周计划可以调整，而日计划不可调整。**做管理不能什么都变，那样就不用制订计划了；也不能什么都不变，那也是什么都做不了的。要变中有不变，不变中有变，变的是大的东西，不变的是小的东西。

日计划是“冷冻”的，指的不是冷冻当天的日计划，而是把接下来第二天的日计划冷冻。为什么它是可以规定死的呢？因为通过前面那么多的排查，问题异常都排除掉了。如果下午5：00下班时，你还不知道明天要做什么，还不知道明天要用的物料回来没有，还不清楚有什么可以做，这就是严重的管理失职。

为了使日计划更有效，一般企业都采用滚动三天的方式，因此这个日计划统称为“冷冻滚动日计划”。

滚动是什么意思？例如，今天19日，19日确定死20日的生产任务（100%），19日确定21日生产任务的80%，19日确定22日生产任务的60%。是60%还是70%，企业根据自己的实际状况来调整，因为情况是时时变化的。

表2－1　冷冻滚动日计划

	19日 生产任务	20日 生产任务	21日 生产任务	22日 生产任务	23日 生产任务	24日 生产任务
19日		冷冻100%	确定80%	确定60%		
20日			冷冻100%	确定80%	确定60%	
21日				冷冻100%	确定80%	确定60%
22日					冷冻100%	确定80%

如表2－1所示，到了20日，就将21日的生产任务从80%确定到100%，将22日的任务从60%确定到80%，再把23日的生产计划纳入进来，确定到60%。因为这份计划是一天天往下滚的，所以叫做冷冻滚动日计划。

日计划的形式并不重要，最重要的是怎么确定100%、80%、60%。提前排查。19日排查20日、21日、22日的任务，20日排查21日、22日、23日的任务，21日就排查22日、23日和24日的任务。

从表中可以看到，22日的生产任务在开工以前就已经被排查了三次，加上之前的月排查、周排查，总共被排查了五次。

一个生产任务被排查五次，还有多少异常不被排查掉？这就叫做“频繁应对，快速响应”，靠着一次次提前排查发现问题，一次次把问题排除掉，我们就能得到一个精确的、能够有效实施的生产任务。

“滚动排查，前推后拉”是欧博的计划模式，其核心不在“计划”，而在“排查”，它强调以天为单位的管理。

⑪ 如何精准掌控物料

物料排查是我们欧博的一个常规动作，也是我们 PMC 运作的一个常规动作。物料排查的目的就是为了掌控准确的物料状况，做好生产计划，并解决生产过程中可能出现的各种异常，如欠料。

欠料是很多工厂都会碰到的问题。在生产的时候缺这缺那，就是因为在生产之前没有认真排查、没有认真准备，发现欠料以后，要么忙着去追料，要么忙着调整生产任务。

针对这种情况，我们欧博生产管理组合拳的六个动作（日计划、日协调、日备料、日稽核、日考核和日攻关）里的日备料，就是为产前做准备的一个重要动作，这个备料包括备物料、备资料、备模具、备设备和备人员。

产前准备重在对物料进行排查。

在做浙江森森项目时，企业原有的排查模式跟欧博的做法是不一样的，他们采用半月排查制，即这一周排查下一周和下下周的，两次排查的时间间隔至少要 2 周时间。他们虽然也在滚动排查，但是这样的排查在解决欠料问题上并没有带来实质性的突破，因为没有抓住要害，不能解决问题。

欧博是怎么做的？我们有五重排查。

第一重排查：月度排查。在浙江森森项目上，我们提前一个半月进行排查，例如，每月的10日对下个月26日到下下月25日要做的订单的物料进行排查。这重排查的日期非常提前。

我们在浙江森森这个项目的具体做法如下：

（1）业务部提前46天，把46天以后要做的告诉计划部，即每个月10日将下个月26日至下下月25日之间的任务交给计划部。

（2）总装计划员在每个月的12日做出46天以后的那个月总装车间的月计划，并把总装的月计划提交给物控员，这提前了44天交给物控员。

（3）物控员接到总装计划以后，根据月总装计划制订月物料需求计划欠料表，并在一个工作日之后，即每月的13日之前将月物料需求欠料表交到前车间和采购计划员处，等待欠料交期的回复，也就是提前了43天把43天以后的那个月总装需要的物料提交给前车间计划员。

（4）前车间在一个工作日之后，即每个月的14日开始制订生产计划，比总装提前了42天。

（5）采购计划员也必须在1个工作日内，即每月的15日编制出采购月计划，这一动作比总装提前了41天。

这里只是一个个案，具体到每家企业时，由于生产周期各不相同，要因地制宜，不要生搬硬套。这里主要看管理思想，即第一重排查的提前量打得非常大，将近46天，跨度近3个月。

第二重排查：10天的账面排查。

总装计划员每个月的2日下达本月16～25日十天的旬计划，提前半个月下达旬计划。然后物控员根据旬计划，在3个半小时内（若计划5点钟下达，物控员在8：30之前必须排查完毕）完成半个月以后那一旬（10天）所要做的产品物料排查。

第二重排查结果出来以后，立马制作欠料表，交给前车间和采购，前车间和采购必须在两天之内，即4日前答复。然后，物控员把前车间和采购员的答复在3个半小时之内整理成欠料跟进表进行跟进。

第三重排查：实物备料。

总装计划员每月5日下达当月16～25日的备料计划，提前10天，因为前面已经经过反复排查了，如前面答复不可能做到，那么这时就可以调整计划了；如果前面答复能做到，这时就要紧追紧跟。

为什么16～25日的备料计划一定要在5日下达？因为2日结果出来以后，给前面的车间和采购两天答复时间，5日就知道查出来的欠料哪些可以准时到，哪些不能准时到，哪些准时做得出来，哪些准时做不出。所以，根据前车间和采购的答复来确定16～25日这10天计划。

5日把计划下达以后，6日就开始具体的实物备料了，我们刚开始是备10天的料，这样的工作量很大，车间领走物料以后摆得到处都是。我们马上作调整，改成备5天的料，所以6日就备16～20日的物料。

到了实物备料环节排查是不是就结束了？不可能结束，因为物料不可能一次备齐。如果料一次备齐就麻烦了，16～20日要做的东西，6日全做出来了，东西放到哪里去？再说工厂有这么大的产能吗？日本式管理是不允许有这么大的库存量的。那么这时候的备料动作有什么作用呢？主要是要搞清楚哪些东西回来了，哪些还没回来，哪些在前面做，哪些在回来的路上，甚至东西回到哪里、在哪道工序做，这些都要搞清楚。

备料和排查的目的不只是知道今天有没有料，还要知道明天怎么样，后天怎么样，一直到进入总装，整个过程都要严格监控，这才是备料的实质。备完料以后，若发现**欠料，这是正常现象，**这时候欠料不可怕，不清楚情况才可怕。提前一个星期知道还欠哪些，未来一个星期要对所欠的物料频繁对单，计划员和物控员都要确认什么时候做出来，在哪里做。

第四重排查：总装车间12日开始领16～20日生产要用的物料。

这里提前4天领料，又可以再发现欠料，仓库在发料时查一次，车间领料时查一次，又可以发现还欠哪些料。这样就已经进行了4次排查欠料的工作：月排查一次，旬排查一次，仓库提前5天备料排查一次，车间提前4天领料又排查一次，这样发现欠料的机会就有4次了，所以叫四重排查。

发现欠料以后还有4天时间，就催前面车间、催采购、催物控员，要求他们每天15：00前必须对当天总装车间提报的提前4天领料、欠料的信息进行回复和确认，车间也要回复和确认。

这之后是不是就可以高枕无忧了？我们千万不要以为12日之前做了这么多排查，接下来的4天就没事了。万一到了16日物料没到怎么办？所以接下来还是排查，但不是全面查了，只查欠料。12～16日之间每天都有料回来，我们要一个个对着欠料表登记，没有回来的就继续追，每天追。

第五重排查：倒追排查。

提前3天对着周出货计划表、对着要出货的东西再进行一次物料排查。这次排查是根据出货倒过来再查一次，是为了更有保证。

要做好排查，一定要遵循以下原则：

第一，提前量要大。

第二，要大循环地做，实际上整个五重排查就是大循环地做。

第三，要小循环地做，就是每天循环地做。实物备料后就是每天算账，这是在做小循环，真正解决欠料就靠它。

不管是计划模式还是物控模式，说到底，核心就是小循环。管理就是要做小循环，小到以天为单位。当然，管理的循环并不是各自独立的，而是大循环套中循环、中循环套小循环，小循环彼此相扣，大循环彼此相扣，一环扣一环，中间没有漏洞，一循环起来就像汽车轮子开起来一样，循环越快，汽车就开得越快。管理一循环起来，生产就顺畅了，效率自然就提升了。

⑫ 准交率的秘诀："前推后拉、中间清"

迪欧的老板对欧博项目老师最大的评价就是富有研究精神，有一股子钻劲。欧博项目组进入迪欧公司的几个月，几乎每天都有新的管理动作推出。

因为有这些创新，效果就很明显：月产值从1200多万元提升到了1600多万元，提升了400多万元，提升了约33.3%。

我们看一看他们在计划模式上的创新：

企业最早的计划模式：是业务拿到订单以后交给车间自己排产，然后各个班组根据自己的情况来做。由于缺乏统筹，有的工序做得快，有的做得慢，有的部件先流到后工序去了，有的部件却还在前车间没流下来，这样到包装车间的时候无法包装，半成品堆在各个车间，货却入不了成品仓。**虽然工序效率不低，但整体效率低，准交率低，出货量少。**

车间生产核心在于配套性流动，如果没有配套，到了后面也没用。不论是配套还是流动，都需要有人统筹，否则开完料以后，必然乱。

欧博项目组老师就从生产的计划入手，解决配套和流动问题。

每天下午17：00由计划部的计划员给出第二天木工车间的生产计划，木工车间主管接到这个计划以后安排开料工序的生产。开料工序之后的锣机、排钻、冷压这些工序的生产计划则等开料计划执行一定时间后，再做安排。先控制开料工序。

第二天早上8：00开料班长将车间主管安排的任务分到每个机台、每个工人身上，开始生产。上午10：00左右，开料班长将自己这道工序的生产情况反馈给木工车间主管，主管根据开料班长反馈上来的信息，开始安排锣机、冷压这些开料后工序的生产任务。

后工序的生产任务必须根据开料班组的生产状况来确定，否则没用。当然，如果车间主管不去安排锣机、排钻、冷压等开料后工序的生产计划，而由着这些后工序自己随意到开料工序或别的工序拿料生产，则生产过程一定混乱，产品就不可能配套流动。我们设计的这种计划方式做到了既要管控又要可行的效果。

这样排产的效果十分显著，20天之内，木工车间的产能提升了20%以上。

前面我们讲的是木工车间内部的控制方式，下面我们再介绍一下生产系统总的控制方式，请看图2-1：

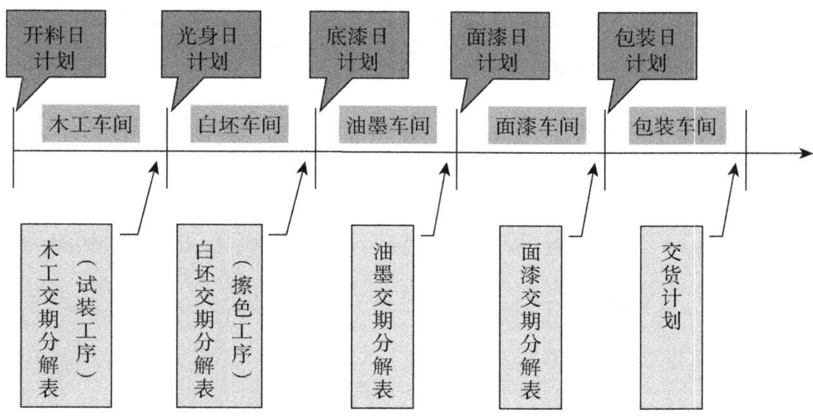

图2-1　生产系统总的控制方式

图2-1的核心是"前推后拉、中间清"的思想，或者叫两头卡、中间清的思想。什么是两头卡、中间清呢？就是每个车间的第一道工序和最后一道工序严格控制，再拉动中间工序。

以木工车间为例。

开料工序由日计划来控制开料这个头；木工车间最后设个试装工序，试装工序对于它整个的木工车间生产是一个配套性的控制。

试装这个工序相当于木工车间的出货，能够装起来，说明可以配套交给下个车间了。我们在试装工序有一个试装计划，实际上就相当于整个木工的出货计划。它来源于计划部门做订单评审时的交期分解，即各车间的完工时间节点与最终出货是相对应的。木工车间可以通过试装工序形成一个清单计划，推动木工的各个工序。

木工车间的"前推后拉、中间清"

木工主管通过10：00的计划来安排各工序的工作，这个叫**前推**。

根据试装计划，在试装之前事先排查所欠缺的工件，然后让前面的工序加快生产所缺的东西，这个叫**后拉**。

中间工序对着试装工序生产，后面要什么，就重点补什么，这就叫**中间清**。

这等于在一个小小的木工车间实行了一个前推后拉、中间清的动作，确保了木工车间每一个工序都对着试装的配套走，这样走到白坯车间的时候就都是配套的了。

白坯车间的“前推后拉、中间清”

然后到了白坯车间，光身工序是白坯的第一道工序，又采取了一个日计划的方式，这又是一个前推。

擦色工序是它的最后工序，这里又做了一个后拉，根据擦色工序日计划来排查前工序，形成拉动。

白坯这个车间前推是在光身工序，后拉在擦色工序，中间工序接到后拉工序指令以后就按照这个去做，这个叫中间清。

每个车间都这样走，都有“前推后拉、中间清”的动作，整个生产就管控起来了，配套性流动大大增强，效果非常显著。

⑬
做 PMC，要抓好两张表

整个 PMC（计划物控）的核心是什么？

PMC 有一大堆的流程、一大堆的表单，东西太多，我们就很难把握住 PMC 的核心。我们以前做 ISO 流程的时候（ISO 的流程其实主要是 PMC 的内容），要把任何一个流程文件做好、做精、做细，都要有五六页 A4 纸，二三十个流程文件的东西就更多了，这样就很难把握核心。

PMC 的核心是破无明，也就是说，你要看清楚所有的东西。

其实 PMC **就是两个链条：一个是计划的链条，另一个是物料的链条。**这两个链条是一直在动、相辅相成的，物料到哪里、订单到哪里、哪个物料是哪张订单的，都要搞准确。车间在做什么，哪道工序在做什么，做的是哪张订单的，哪张订单的零部件在哪个车间、哪道工序、哪个工人手里，都要弄明白。

做 PMC 千万不要老是“想”，一想就会越想越糊涂，然后就是“说”——说来说去，再到“争”——争来争去，最后“推”——推来推去：物料问题是供应商的责任，做不出东西是前工序的责任……最后推到谁都没有责任，这是一个怪圈。由有问题变得没责任，这就是依靠“想”来解决问题的结果。

做好 PMC 的关键用三个字概括是**破无明**；用两个字概括是**觉知**；用一个字概括就是**观**（现场看、现场查）。

我认为，PMC 表单再多，重要的是要抓两张核心表单。

第一，订单进度管制总表，所有的订单完成到哪一步都得清清楚楚。

订单进度管制总表上的数据信息每天都在变，每天要更新。要做好这张表，就要有相关的动作和表单来配合：首先，收到订单要做订单评审，并把它体现在订单进度管制总表上；然后是交期分解，形成主计划、月计划、周计划和日计划；最后通过生产协调会、工序对单等动作，确保订单进度管制总表能够做到准确、清楚。PMC 有了准确的订单管制总表，对订单情况清清楚楚，计划就能准确管控生产的每个细节。

第二，物料进度总表。

我们要通过制订物料需求计划，实施物料排查，进行采购管制，落实采购日计划等动作来形成我们的物料进度总表，使得所有的物料情况都清清楚楚地显示在上面。

这两张表（订单进度总表、物料进度总表）做得好的企业，PMC 就一定做得好。

我们做管理，要懂得把问题简单化。即使做很多的动作，但至少在思想上要简单化。我希望大家做管理能做到这样的境界：**思想少、动作多**，这样管理才能做好。

14
学会“横向控制”做管理

很多企业的管理就靠几个领导在做，靠一层一层的领导抓。而领导们又忙又累，还不一定能把工作做好。这样不是办法，欧博提倡横向控制。

怎么做到横向控制呢？

第一，发挥职能部门的作用，让计划部对生产安排进行统筹，而不是由厂长或者老总进行统筹。

很多企业就习惯于靠厂长或老总安排生产，这种方法可能短期内效果非常好，但长期就不行，为什么？厂长要管几百号人，他的注意力完完全全放到事务性的工作中了，他有那么多人和突发事件要处理，还有多少精力去跟踪计划的落实呢？

我们以前在企业里经常看到厂长边走路边签字的现象。要买什么物料，签字；要做什么，签字。你要问那个厂长：“这个物料是不是一定要买呢？仓库到底有没有？”他说：“不知道。”不知道为什么要签字？

他会说："该我签啊。"

靠厂长做管理，这家企业就离不开这个厂长，为什么？除了厂长，谁都不知道怎么安排计划。无论厂长怎么指挥，生产部门都要听，因为厂长是老大。

有的时候短期有效的，长期说不定就是有害的，因为短期有效就意味着对个人经验的依赖性非常大。对个人经验依赖大，长期来讲，企业要做大很困难。如果厂长出现变动，企业根本没有办法应付接下来的局面。

我经常说领导管人、流程管事，管人管事要两条线。让计划部发挥作用，通过流程、制度来管，通过控制卡来管，通过一个专业岗位或部门来管，这样管理就容易标准化。管理标准化了，那么张三能管，李四也能管。

计划部门和生产部门平级，没有流程文件、没有相关规定，生产部门凭什么听计划部门的指挥？所以，让职能部门管。**横向控制，某种程度上是迫使企业的管理靠制度来做。**

有些企业一方面讲制度管理、流程管理，另一方面又在靠领导管理。领导需要制度吗？领导凭什么做管理？凭身份。如果你跟老总说："你制订一个制度，否则凭什么管我？"老总的反应会很简单，从明天开始你就会被晾到一边去守仓库大门。最容易破坏制度的人是什么人？就是领导，而且是那个最大的领导。

制度化管理最大的障碍是什么？就是领导参与所有的事务性管理。

管理要靠流程，靠横向。如果你不认可计划部的作用，认为有厂长、有老总就行，可以不要计划部，那么，你的企业永远不可能实行规范化、标准化、制度化。

领导要把人管好，但如果不了解事情，领导也管不好人。总之，一定要懂得发挥职能部门的作用。

第二，横向控制还包括部门和部门之间的横向控制，上下工序的横向控制。买的物料回来没有，仓库最清楚；发的物料型号对不对、规格对不对、数量对不对，车间最清楚。所以，横向控制是控制交接的数量、质量的一个关键点。我们不要让一个人到处查，仅仅靠查是查不过来的。

欧博的稽核检查很厉害，但要知道，稽核要有效，一定要建立在横向控制的基础上，并不能完全靠稽核员。一家企业能有几个稽核员？一两百人的企业也就一两个，怎么查得完？

现在很多日本企业没有巡检了，而是靠上下工序互相检查。所以我们要懂得发挥上下工序的相互监督作用，特别是质量问题，上道工序做错了，下道工序检查出来，能够立马堵住不合格的东西。下道工序检查不出来，下下道工序检查出来，不追究那个做错的人的责任，而要追究那个“放水”的人的责任。你放了它，我找你，这就是围追堵截。

抓好互检非常重要，在这里我们把互检也划入横向控制。在企业里，通过横向控制让那些员字号的管理者，如仓管员、采购员、物料员、品管员、计划员、物控员、工艺员行动起来，发挥管理作用，可以让长字号的管理者轻松一点。

员工也是员字号的，把他们当管理者看，让他们在做事的过程中发挥管理作用，这是一个大趋势。下道工序可以作为上道工序的管理者，上道工序也可以作为下道工序的管理者。

要让员字号的人发挥管理作用，前提是什么？前提是我们要有相应的规定。这个规定可以是制度、流程、文件，也可以是控制卡和各种标准。员字号的人不是领导，他们没有办法凭身份做管理，他们只能凭规定做管理。权力来源于两个地方：一是身份，二是规定。

领导们，要想轻松下来，很简单，学会让下面员字号的人发挥作用，也就是要把规定制订到位。

第3章 如何提升产品品质

⑮ 劳资双赢的现场改善

一讲到品质问题，有些人就把它搞得很高深，总把它理解成技术问题，好像这个问题不是一般人能解决的。

欧博曾经有一个项目，是给联合企业做咨询服务，这是家做铸造的企业，当时它有一个多年未解决的品质问题。欧博进驻后，很多人都跟我们的老师说，那是个行业技术性难题，意思就是他们做了这么多年都没有解决，我们折腾也是白折腾。可是我们欧博老师带领大家做了很多现场改善后，问题大部分都得以解决。

我觉得，做品质攻关，首先不要把问题妖魔化，不要人为地把问题变成什么行业难题。

欧博做过的东鹏陶瓷项目，它的年产值达30多亿元，在行业内是顶呱呱的，龙声、兴豪项目也都是2～3亿元的规模。但解决他们的品质问题，欧博的动作都不稀奇、都不高明，重点都只是抓住了员工的操作动作而已。所以大家不要认为品质问题攻关是一个高难度的问题，是一个需要很高知识或者具有很大技术含量的事情，其实真正的攻关就是从现场员工动作的改善入手。

员工动作的改善是现场攻关的一种主要形式，但很多企业比较忽视这点。其实这里面大有文章可做！欧博能让东鹏陶瓷总厂利润大幅度提高，主要就是因为对员工操作动作进行改善后，减少了很多浪费，提高了效率、提高了质量，利润就提高了。

欧博驻东鹏陶瓷的项目组长徐军老师和曾子豪老师连陶瓷行业的门都没进过，他们为什么能够改变陶瓷行业的老大？他们不是靠技术，不是靠知识，而是靠发动群众、发动员工，发动员工自己去改善自己的动作。这个项目的效果非常明显，让连续亏损三年的东鹏总厂——华胜昌基地当年盈利两千万元。

我们具体采取了什么方法呢？让员工们先对自己的动作进行讨论，然后把自己每天要做什么、怎么做清清楚楚写下来。

首先让员工自己写自己的操作动作控制卡，这是员工对自己行为的一次觉知。在这个写的过程中，员工就会发现，有些地方原来那样做不对，应该这样做。通过自己的觉知和互相的讨论、比较，好的动作就被总结提炼出来。

员工写完后交给班长改，班长比员工有经验，班长改完后主管再修改，主管修改后工艺员再修改，然后技术部门再备案。这样，一套标准的动作操作规范就形成了。

现在很多中小企业的技术力量不够强大，特别是工程部门不够强大，如何弥补这个不足呢？请大家相信，要靠工人的参与。我们有些项目就把有经验的工人直接提升为工艺员。

像蕊蝶项目，这家公司是做皮具的，它原来开料的时候凭经验开，效率低、成本高。后来我们把一个特别有经验的工人抽调过来担任开料技术员，由他来做开料设计，其他人只负责开料操作。结果效率大幅度提升，极大地节省了成本。在这里，靠有经验的人，靠一个动作的改变，效率就可以大幅度提升。

员工动作的改善一定有一个去粗取精的过程，不要认为经验可以直接用。经验一定要有一个去粗取精的过程，对那些比较粗糙的做法要进行一些小小的整改，然后形成一个个标准，并让这个标准成为员工的作业指导。企业为什么要有作业指导书？就是因为如果没有作业指导书，没经验的员工效率会很低。对新员工来说，企业的作业指导书就是他们提高效率的直接手段。对于老员工来说，如果作业指导书是从动作研究出来的，那研究的过程中就促使他们把那些低效的、无用的动作删掉。**删掉无用多余的动作，有用有效的动作一经操作效率就能提高。**

欧博辅导的兴豪项目的做法也很简单，就是把员工的操作动作拍成录像，让员工自己讨论和相互评价，自己看做得好不好、哪些地方该改，然后欧博老师再来点评，最后把他们的标准动作总结出来。

看看兴豪项目的最后数据：去肉破损率的攻关目标值定为0.3%，

这也就是说，当时大家认为能把这个数值从之前的0.5%降到0.3%就算不错了。可是最后呢？去肉破损率降到了0.11%，比目标值好很多。这些皮都是真皮，一年下来，恐怕都是以百万元来计。去肉报废率（张）从50张/月降到6张/月。片皮破损率原来设定的目标是15%，实际上从之前的30%降到了4.28%。片皮报废率从改善前的0.03%降为0。跑皮率从攻关前的35%降到了15%，最后的数据降到了0.45%。

我们回头再看看他们完成上述业绩的操作动作，如调机工位：

（1）片皮时固定速度（大皮：40～45张，小皮：45～50张）；

（2）片皮时上刀刃：5.7～6mm，下刀刃：3.5～4mm；

（3）片皮时探刀：母牛皮：8mm，大公牛皮：6.7mm，小皮：7.3mm；

（4）片皮时大片：2.2～2.5mm、中片2.0～2.2mm、小皮：1.8～2.0mm（刀伤严重的增加0.1～0.2mm）

这些所谓的技术参数都是员工自己根据动作录像总结出来的一些操作标准：原来片皮的速度可能是45，也可能是55，员工的随意性很大；用的刀也不一定是一种；经过看录像不断总结和改善，发现只有用这个范围的刀，只有用这样的速度，效果最好、效率最高、跑皮率最低。这就是这些参数的来源。

所以，不要认为工人身上没有潜力可挖，工人身上很有潜力可挖，甚至可以这样说，**第一桶金赚在市场上，第二桶金赚在管理上。**所谓的管理指的主要就是规范员工的操作动作，想得到第二桶金，你就要想办法让工人的手为你带来更高的利润。当然，得到第二桶金之后，别忘了分一点给我们的员工。像欧博做过的迪欧项目，这家企业的利润大幅度提升，工人的工资也大幅度上升。

做任何事我们都要考虑双赢，我们一定要相信从员工操作动作入手的现场改善存在双赢——给工人带来非常大的工资增长，给企业带来非常大的利润空间。不相信双赢，就无法做管理，更没法做变革。

16 品质改善的核心是改变人

品质改善的核心在哪里？是在技术上，还是在设备上？非也，品质改善的核心是改变人。那么，我们欧博解决品质问题有哪些基本的动作和方式呢？

第一，员工动作的规范和优化，这是解决品质问题的第一个思路。很多品质问题说到底就是员工操作不规范造成的，这是很多企业容易忽视的地方。我们做过的很多案例都没有做什么特别的技术设备上的改进，就是规范和优化了员工的动作，效果就很明显了。

所以，我们以后遇到质量问题的时候，不要把它看得很复杂，先从员工的操作动作入手。像我们的OB项目在解决品质问题时，不仅规范本厂的员工动作，还规范供应商的员工动作，这一点是很多人想不到的。

第二，进行横向控制，就是互相检查。横向控制就是对问题层层把关，进行隔离，并且互相检查要到位，这是非常有效的方法。我们龙声项目就用横向控制这一招，上工序的动作由下工序来控制，层层把关，提前发现问题、堵住问题，取得很好的效果。

第三，大面积排查问题，在点上解决问题。我们做过的成优项目就是通过对质量问题进行排查，并且每天排查，而取得成效的。注意，查出的问题再多，都要一个点、一个点地去解决，同一个时间段，不要解决太多的问题点。我们还可以在生产某个产品之前，排查这个产品曾经出现过的历史问题，然后一点点地落实责任人去解决。这样的排查方法也是一种非常好的方法。

做品质改善除了掌握以上三点，我们还要注意怎样去改变人。

第一，要改变人，就不要把我们遇到的问题妖魔化，要相信员工能解决这些问题。佛家说："何其自性，能生万法。"人的自性其实是很伟大的，所以要相信员工，要相信这么多问题没有解决只是因为我们没有去做、没有去管，要相信问题其实是很简单的。

第二，我们约束员工的时候，一定要在痛苦中坚持。我们做动作控制卡约束员工的时候，员工是很痛苦的，但我们一定要坚持。像OB项目一位主任所说："我们之前也做过这样那样的改善，但就是没有用。为什么没有用？就是因为我们之前没有严格约束员工，员工一受约束就难受，就会不配合，他们一不配合我们就没办法。所以，我们要过这关。"当员工因约束而产生痛苦的时候，我们要坚持。

第三，我们在坚持的过程中不要怀疑。欧博的龙声项目就是这样，一开始推横向控制时，大家互相不肯开罚单，怎么办？我们的赵老师就派稽核员去打破僵局，你不开别人的罚单，我就开你的罚单，结果效果马上就出来了。所以，我们在坚持的过程中一定不要怀疑，一旦启动方案，我们就要坚持到底。

实际上管理没什么对错之分。为什么很多企业上 ISO、ERP、KPI 后，企业也没什么改变呢？因为它约束的事情，企业没有做到位，只是浅尝辄止。我们企业做事的习惯总是边做边怀疑边犹豫，总是边走边看。这时候决心很重要，我们要控制住自己的思想，必须不动妄念地做到位。

第四，我们做品质改善的重心不是改变事情，而是改变人的习惯。 品质改善最终的结果不是体现在合格率的上升、不良率的下降方面，而是体现在员工的改变上。因为品质改善的最终目的是增强员工的品质意识，打造企业的品质文化。

不要以为只有先改变员工的品质意识后，才能改变员工的品质动作。**品质意识是从品质动作中来的，我们要先改动作，带来业绩，再改意识。** 所以，品质改善要针对员工的改变进行，注重各种会议、宣传和表彰，因为这些动作能形成一种氛围、文化，这样才能改变人。

第五，在品质改善过程中我们一定要放弃固有的观念。 我们不要以为过去的经验就是对的，我们首先要让员工跳出这个误区，不要以为一直做的就是对的，要勇于审视自己，否定自己，这样才能去改进、去改善。

其实说到底，我们所有的动作都不难做，难的是大家能不能做到以上五点。我相信我们的每个动作大家都知道，但在做动作的时候很多人的内心会产生很多念头，有这些念头都是人的习性所致，我们只要能够清除或控制这些习性，改善的效果就一定很好。

做好改善攻关的九个要点

第一，开展现场改善攻关，员工动作是我们的首要切入点。通过调动广大员工对自己多年习以为常的做法进行聚焦、研究和改善，我们的工作效率和产品品质就会有意想不到的改变。

第二，攻关得在现场做。因为员工的动作在现场发生，你就必须到现场去。如果在做攻关的时间里，管理人员天天坐在办公室，员工的操作动作又怎么能得到改善，攻关提高品质、提升效率就是一句空话了。

第三，攻关的主导是管理人员，主体是工人。做攻关的时候不要老跟管理人员探讨攻关方案，管理人员是攻关的主导，但不是主体。

第四，一定要设定明确的数据目标。搞攻关，不能说我们要干什么事，而要说我们要达到一个怎样的目标。例如，攻关的目标是提升合格率，但提高到多少我们要有明确的数据，是提高到70%还是90%？没有具体的数据攻关就没用。

第五，一定要有阶段性目标。例如，你最终想达到合格率是90%，而现在的合格率只有50%，你可以分两个阶段来达到这个目标，第一阶段先达到70%，达到后，再向最终目标冲刺。

我们欧博曾经有个老师就犯过这样的错，企业原先的合格率是60%，但他把目标设定到90%。我说："你这个攻关方案一定会失败。"他问为什么，我说："因为没有人跟你走得到90%。员工会这么想：'到了70%你还不鼓励我，到了80%你还不鼓励我，非要到90%你才鼓励我，对不起，我看不到，不干了。'"

还有另一个项目已取得了很大改变，但因为项目组长一开始定的目标很高而没有达到，所以项目组长最后宣布攻关失败。我说："你这样就错了，因为大家跟着你很辛苦地干，从50%提高到70%，提高了20%，但就因为没达到85%的目标，你竟然就告诉大家失败了，这太挫伤大家的积极性了。"他说："教授，那怎么办呢？目标已经定高了呀。"我说："改一种说法，叫'取得了明显改变'。这句话不是告诉你的，而是要你告诉那些跟你干的人，特别是工人，让他们知道的的确确发生了很大改变。你不能用'失败'两个字，要知道，企业里面人的积极性、人的激情，经常是被失败感浇灭的。"

企业人的失败感多了，一种无助感就会蔓延，所有的人都会认为自己什么都做不成。做管理首先要消灭这种无助感，要让员工经常有成就感。因此，当你的攻关目标从50%提高到70%的时候，你要告诉员工，通过努力取得了明显的改变。所以，做攻关一定要有阶段性目标，有一点点成绩就奖励，想尽办法给员工发点钱。给员工一百元，他会给你创造一万元的价值。

第六，我们要懂得在车间进行频繁激励。每天10元、20元、50元的奖励，甚至几元钱的奖励对工人都是非常有吸引力的。要知道工人也是会算账的，一天10元，一个月就是300元，相当于增加了工资，他就会有想头。

第七，攻关一定要懂得PK。攻关不要你做你的、他做他的，各不相干。一定要把大家放到一起，一起打擂台，并且一定要有赢家和输家。

第八，攻关一定要频繁总结。

第九，攻关一定要持续进行。这里的攻关完了，这个问题已经解决得差不多了，马上转移战场，又到另一个地方去寻找改善点。我们主张把攻关变成一个系统，使企业每天都有攻关。像欧博做过的雄兵项目就是这样，各种攻关加起来近400次，公司层面的、部门层面的、班组层面的，每个班组一个星期要进行一次攻关。有些人会问哪有这么多攻关点？企业的改善，特别是现场的改善永无止境。

像佳能电子这家企业，从1999年到2009年，十年时间里，它的利润率从1.9%提高到19%，就是靠无数次现场攻关达到的。日本人非常崇尚现场改善，甚至他们认为管理就是持续改善，日本的精益生产就是持续改善。

所以我们一定要知道，企业里做攻关，进行现场改善，欧博只是开了一个头，企业要永远、持续地做下去。工厂存在一天，就应该攻关一天。这样十年下来，企业会变得非常优秀，因为真正的问题、细节的问题都一个一个被解决了。

⑱ ISO 为什么没有用

通过动作控制卡规范员工。

管理的注意力不要老停留在管理层，不要总是高谈战略和模式，而要把目光放到员工层面，放到员工最基本的操作动作上，这就需要通过动作控制卡规范员工来达到目的。

一谈到规范，很多人马上想到“流程”这个词。那么，动作控制卡与流程文件有什么区别？流程文件的特点是一做就是一大堆，牵扯到的部门和岗位很多，且不说要记住流程文件的内容，光是看文字都看得费劲。

动作控制卡相比流程文件，在形式上小而简，在内容上少而精，是为一个点而设计的，针对性强，往往指向一个岗位，因此取得的效果就很明显。这是欧博通过近 10 年时间摸索出来的经验。

欧博也强调规范管理，但不是大而全的规范管理，因为规范有一个成本问题和习惯问题。如果企业要把员工所有的动作都规范，成本会非常高，加上员工不习惯等原因，规范会变得没有意义，因为它不能直接提升效益。

ISO 有一套规范的流程，为什么没有发挥作用？

首先是因为 ISO 大而全。

ISO 最早到中国时，小霸王引入花了 1000 万元，现在说不定几千元就可以。不是说 ISO 本身有问题，而是 ISO 在我们这里被弄成了问题产品。这么好的东西变成问题产品，这不是外国人的错，是我们的错。

ISO 编制了一大堆文件，但有谁照着做了？

现在外国人下订单也不看我们的 ISO 了（早些年，他们看几遍流程文件就 OK 了），他们直接到车间看员工怎么生产，看一次还不行，还要蹲在那里看三天，这样他们就能知道企业的管理水平究竟如何。

制作动作控制卡的指导思想是逮一个点算一个点，因为全面规范我们做不到，我们就一点点地控制，把某一个点用动作控制卡规范起来，然后反复查，查上 1000 次，看还有谁不执行？

我们的雄兵项目在检查一个点时就检查过 1850 次，再运用奖罚，这样就取得了很好的效果。我们在做东鹏项目时流行一句话："只有三要素（标准、检查和责任）奈何得了你。"即标准规范以后，就要反复检查，然后对结果进行奖罚，这样的管理才会有效果。

管理切忌大而全。

中国社会从农业文明走向工业文明，也就是这几十年的事情。农业文明时代是放牛满山跑，大家形成了自由散漫的习惯。对农业生产方式标准化，如人民公社、集体上工、集体下工，生产效率马上就下降。后来实行包产到户，农民一“自由”，农业生产就活了。

工业文明不能“自由散漫”。如果采购没购买物料，车间就没办法生产；前工序的东西没生产出来，后工序就没法继续；采购买多了物料也不行，仓库放不下。他们之间的关系是前后紧密相连的，不允许“自由散漫”。

要把几千年积累下来的自由散漫习性，靠几十年的改革一下改变过来是不可能的，我们只能一点点地改。很多管理人员就喜欢弄一个大的流程文件，以为编织一张网把大家网住，这样管理就好做了。这是做梦，因为每个在网里的人都想挣脱这张网，每个人都拿把小剪刀来剪网。当你把网提起来就会发现，网已被剪得千疮百孔了。

所以，我们没有必要费那么大劲去编这张网，不如拿把锤子、拿个钉子，瞄准一个地方钉下去，这就需要控制卡，然后对控制卡的动作反复稽核、反复究责。

我们的控制卡在规范员工操作上准备了三手，**第一手是怎么做，第二手是怎么查，第三手是怎么奖罚**。但 ISO 只有怎么做，却没有怎么查和怎么奖罚，而怎么查和怎么奖罚的工作量是非常大的。如果 ISO 能解决这两个方面的问题，那么 ISO 也会很棒。

19 坚持、坚持、再坚持

FL公司是一家专业生产和销售纯石英石板材、石英岗石（工程石）的现代化企业，2011年5月欧博进驻这家企业时，它的品质不良率高达90%，其中因板材变形引起的不良率高达68%。针对这一质量问题，2011年5月23日~6月21日，欧博FL项目组进行了降低变形不良率攻关，攻关效果显著，变形不良率从调研时的68%下降至9.5%，直接提升产能20%左右。

取得这么好的成绩，关键点有以下两个：

第一，从员工操作入手，进行现场改善。

在这次攻关中，很多操作动作的改善都是员工自己想出来的，是企业方的人自己努力的结果。那么，为什么企业方的人开始没有把变形不良率从68%降下来呢？因为他们的管理者没有从员工操作动作上动脑筋，他们一直把变形不良视为一个技术性问题，认为没那么容易解决。

而我们欧博项目组的老师是个外行，他依靠员工解决问题：**从员工**

动作入手，相信那些平时不起眼的员工，将他们的潜能激发出来，让他们开动脑筋想办法，结果返工率迅速下降了。

第二，坚持每天总结。

员工制订出方案了，员工动作也规范好了，每天做得怎么样，效果如何，我们要持续关注和跟进，并且每天进行总结，这是管理者要做的最重要的工作。有的企业进行攻关改善，一个月、一个星期才看一次数据变化，这样做，效果会大打折扣。

FL项目进行变形不良攻关改善时，欧博的洪老师每天都关注铁板的清理数量，因为铁板清理直接影响变形不良的改善。一开始为了尽快清理完铁板，洪老师给工人金钱奖励，工人都还不肯接受，因为员工觉得这是不可能完成的事，就算奖了钱，最终也改变不了现状。他们认为变形不良率这么高，不是铲几下铁板就能解决的。他们认为这是个技术问题，不可能那么容易解决，所以刚开始时，员工不相信，管理人员也不愿意配合。

后来洪老师深入现场，找到了一种简单的清理铁板的方法——把铲刀磨锋利，一点点地铲掉附着在铁板上的牛皮纸。洪老师亲自带头做，管理人员跟着做，老板也上阵，最终工人看到了老板和老师们的决心，全体动了起来，终于取得了企业方不敢想象的数据改变。

做管理做到最后就是做一股子信念：**就是你相不相信能够改变，只要你相信能改变，坚持做就一定有用。**

我们要相信简简单单的动作就能够改变企业，不要去寻觅什么灵丹妙药。管理没有灵丹妙药，管理就是吃饭。

不要把管理当药吃，因为我们不能天天吃药，但我们可以天天吃饭。把管理当药吃，天天吃药，好身体都能吃出问题来。现在很多企业就在天天吃药：今天实施 ERP（企业资源计划系统），没成功；明天就弄 ISO9000 认证标准，结果又没成功；后天再弄 KPI（关键业绩指标），弄不出什么就再换个招。

管理的核心不在这里，**管理的核心在于确定某件事后就天天坚持做，就像吃饭一样**。吃饭为什么就能身体健康？因为人的身体就是一个精密神奇的系统，是大自然亿万年进化的产物。普通的食物吃进去，就能变成体内需要的各种元素，而神奇的食物吃进去，也只能变成这些元素。这说明，身体的神奇远比外在食物的神奇重要得多。管理就是要相信我们自身的那种神奇。

第4章
稽核才能有效果

20 稽核：防止别人讲假话

我们做管理时要经常思考两个问题：第一，要求别人做什么；第二，不按你的要求做怎么办。这两个问题要同时思考，我们很多做管理的人没有这个习惯，绝对不会马上想到别人不按要求做怎么办的问题。

我们很多做管理的人特别喜欢一厢情愿，以为自己说的就是别人做的，以为自己要求了别人就会做到。**我们做管理的人一定要有一个“他不会按我的要求做”的假设，**每一次当别人说没有问题的时候，你心里马上要想“有问题我怎么办”？

我们在企业里抓执行率，首先要培养一个良好的管理习惯。什么良好的习惯？

做两手准备的习惯：第一手准备就是要下属怎么做，第二手准备就是防止他不这样做。

从操作上来讲，我们一定要有相应的组织保障，要有专门的稽核检查部门，要有专门的稽核检查人员，要把稽核检查当成一家企业常规的动作，因为它是防止别人说而不做的武器。

为什么要把稽核当成常规动作对待？这跟企业的职能有很大的关系。

企业的职能我认为至少有两个，**第一个职能就是生产的职能**，企业生产职能是生产合格的产品，其他部门都是围绕生产服务的。

但是只有这一个职能这家企业是很难真正做大的。很多企业在这个问题上正在犯错误，他们以为企业只要把合格的产品生产出来就好啦！他们忽视了**企业另外一个更重要的职能是生产合格的人。**

也就是说**企业除了生产职能以外还有一个更重要的职能，就是教育的职能，或者叫教化的职能，这个职能所输出的结果是合格的人。**

企业和企业之间的比较在于对人改变的能力。你有了改变人的能力，你就能够留住人；你有了改变人的能力，你就不需要找“高素质”、高学历的人，你就不需要去寻找“高端”人才，你就能发现到处都是人才。

怎么改变人？稽核！

稽核是通过检查一个人做的事来改变人。

真正改变人的不是思想工作，而是守着他做，在做的过程当中去改变他。要求他一点一点的做事情，一点一点的查他做的事情，用一点一点的事情去改变他，这个人就会被改变。除此以外没有更好的方法。

稽核就是专门查实事情的，所以我们也可以简单地说，通过改变事来改变人就叫稽核。

现在，在管理界和培训界，人和事是分开解决的，培训大师给人的思想做工作，他是针对人，不针对事；搞生产管理的，是针对事，不针对人，欧博把这两个结合起来了，通过事来改变人。

21 有效稽核 = 反复 + 老板介入 + 曝光

有句话叫："重赏之下必有勇夫。"那重查之下呢？重查之下必有觉悟，重查之下必然执行。

通过稽核提高执行力，我总结了以下三个要点：

第一个要点就是要懂得反反复复做。

做管理不能图刺激、图新鲜，要懂得反反复复、不厌其烦地做。

我经常跟朋友们说，这个世界上最重要的东西都是没有味道的：大米饭有没有味道，大米饭重不重要？白开水有没有味道，白开水重不重要？空气有没有味道，空气重不重要？它们都没有什么味道，都不刺激，但它们都很重要。

正是通过反反复复吸收寻常的大米饭、寻常的白开水、寻常的空气，我们的生命才得以延续。所以做管理，我们不要天天图刺激，只做那些有味道、给你新鲜感的事情，要不厌其烦、反反复复地做一些寻常事，要懂得反复。为什么要反复？这个世界的本质就是运动，运动就是反复。只有反反复复，运动的能量才会越来越大。

“反复抓，抓反复”是海尔 CEO 张瑞敏的名言，**我们的稽核就是“反复查，查反复”。“反复查”是指稽核的人要懂得反复检查，“查反复”是指由于被查的人是反复的，今天做了，明天又可能不做了，是反反复复的。**所以，我们只能以反复对反复：你今天做了，明天不做，那么我今天查了，明天又查；你明天做了，后天不做，那么我后天又查。

稽核如果只针对事情，就没有必要经常查；但如果针对人，就必须经常查，因为人的习性的形成和改变需要很长时间。要相信时间的力量，相信重复的力量。

第二个要点就是老板的介入。

在稽核过程中，老板、高层的介入非常重要。

稽核最重要的动作是发现问题而不是解决问题。稽核部是情报部门，利用情报部门解决问题的管理模式是非常有问题的。

情报部门最重要的事是什么？了解情况。发现问题是稽核部的主要责任，那么解决问题呢？这就要分层面来说了。

第一个层面是稽核部现场能解决的当然最好，但要以不发生正面冲突为原则。你坚持原则，如果他不服也不要在现场跟他喋喋不休，否则稽核的效果会很差。

第二个层面就是各个部门的直接上司出面解决问题。

第三个层面就是企业的高层介入解决。例如副总、厂长要介入解决人的问题。

第四个层面就是企业的老板要介入。如果遇到非常大的人事冲突，就要交给老板来处理。有些老板很不想惹事，有事总是对下面的人说：

“你帮我搞定它。”其实与其让下属去搞得稀烂，自己再去收拾残局，还不如一开始就自己亲自处理妥善得多。他帮你搞烂了，搞得彼此都剑拔弩张了，你再来处理也处理不了了。所以**老板不能偷懒，特别在人的问题上，老板要敢于挺身而出帮下面排忧解难。**

稽核部就是战场上的督战队，部队打仗都有督战队。战场上为什么经常出现英雄？因为他不得不往前冲，他往前冲是死，往后退也是死，后面有人督战，拿着枪对着他，他想退也不敢退。而他往前一冲就可能成为英雄了，所以，他当然往前冲。

监督战士执行纪律是胜利的保证，但督战队却没有人喜欢，企业的稽核部也一样。企业的稽核部不讨人喜欢，如果老板再不喜欢的话，稽核员也就没法开展工作了。

为什么很多企业的稽核员干不长久？因为谁都不喜欢他。对于这种奶奶不亲舅舅不疼的部门，老板要疼着点，因为我们企业的执行力就靠这样的部门来提升。

第三个要点就是要懂得曝光。

稽核是企业的探照灯，企业成立稽核部就等于有了一盏探照灯，它能照亮黑暗，照见问题。稽核部处理问题的方式是把问题曝光，在稽核过程中稽核部要懂得运用墙报、稽核日志、稽核每周评比、稽核案例分析和每周执行率排行榜等方式宣传稽核工作。

稽核的职责是发现问题、曝光问题。有些稽核人员会觉得发现问题又能怎样？发现问题也奈何不了人家！稽核人员不能那样想，奈何他不是你的事，你唯一要做的就是当一个电灯泡照亮他，做一个手电筒对着他，或者做一个探照灯，最好做一个照明弹，不要把自己当做杀手。

为什么新闻记者被称为“无冕之王”？因为他们有曝光的权力。**稽核最重要的武器就是曝光，**不要把稽核仅仅理解成奖罚，那是稽核的误区。罚是小动作，曝光才是大动作。你开好案例分析会，把案例分析贴到墙报上去，犯错的人就会怕。

22 七个工具轻松做稽核

怎样做好稽核工作呢?

第一，要制作稽核控制卡。查什么、查谁、在哪里查、一天查几次、一个星期查几次，这些内容要在《稽核控制卡》里列得清清楚楚。不能把稽核当成一个随便的检查行为，这样会引起被稽核人的很大反感，要把稽核常规化、制度化、动作化、标准化。《稽核控制卡》相当于稽核员的作业指导书。

第二，要做稽核日计划。把每天要稽核的内容明确下来，如果这一段时间管理变革的重点是品质攻关，那么稽核日计划就要围绕品质攻关来做。像雄兵项目的缺料不良攻关，稽核部查了 1840 次，这就是稽核日计划要做的事情。如果是生产日计划的推动，那稽核日计划要配合生产日计划的推行。

第三，进行稽核日总结。欧博强调所有的事都有始有终，有计划没总结，这个计划等于白做。雄兵项目和迪欧项目的成功也说明了这一点，所以，稽核一定要有日总结。

第四，稽核要有考核。对稽核员的考核要与稽核对象的业绩挂钩。在雄兵项目中，我们的考核标准就定得很清楚：不良率上升了就罚稽核员，下降了就奖稽核员。为什么？因为稽核员去检查别人，如果查来查去，效率没有上升，你去查什么了？

对被稽核的人怎样考核呢？我们提出了一个非常重要的概念，叫“执行率”，不是执行力。请大家注意执行力与执行率这两个词的区别：执行力是抽象的，没有办法落实的，因为它不可量化；执行率是可量化的，具体的。一件事查了100次，他做了50次，叫50%的执行率。所以，稽核的考核一定要树立执行率的观念，而不是执行力。执行力是笼统的，不能解决问题。

第五，稽核一定要进行案例分析。做稽核就要以点带面，举一反三，发现了一个问题要教育100个人，因为发现的问题都有成本。

案例分析，是企业内部天天观察和研究自己的动作，向自己的成功和失败学习，我把这叫“自性开发”。什么叫自性？就是自身的能量，进行案例分析就是要把企业的自性，把大家的自性开发出来，这也是培养人的过程。

第六，稽核一定要有整改。有稽核没整改不行，要下整改通知书（单），让被稽核的人去整改。他实在不改怎么办？冲突起来怎么办？领导管人、流程管事，交给领导处理。

第七，必须要有稽核日志和稽核战报。稽核时要有稽核检查表，现场发现了什么情况，就将它填到稽核检查表上。稽核日志是把这一天的稽核情况归总，稽核战报则是把稽核的所有情况进行归总，有可能是一天的，也有可能是一个星期的。稽核检查表、稽核日志、稽核战报和案例分析会，都是为了让大家知道工厂的管理情况，让全体人员对工厂的管理活动有一种觉知，了解工厂到底发生了什么。

稽核改变的不仅仅是事，更是人。如果雄兵项目缺料攻关查 1840 次仅仅是为了改变缺料这个问题，那这个成本代价就太高了一点。请大家记住，查 1840 次的目的是为了改变企业的人，是让企业的人知道，管理层下了大决心，大家非改不可。所以，**稽核是一种高成本的改事、低成本的改变人的方式。**反复稽核，看似高成本，但把人改过来后，大家走上正轨，能自动自发地按原则做事，这个管理成本就很低了。

不要企图通过思想改变人，因为人心无常，而事情是看得见摸得着的。人的心就像水，事情就好比装水的容器，水无形，杯子装它，它就成杯子的形状；盘子装它，它就成盘子的形状。在事情上下功夫，才能够把人的心、人的习性固化下来，这是这么多年我做管理的深切体会。

去现场，怎么查

很多人喜欢凭主观经验做判断，不愿意老老实实去了解事情后再做出判断和决策。他们以为这样做可以省点事，结果往往越想省事越不省事。

我每个月的大课由一家专业的摄像公司负责摄像并刻成光碟，然后我再整理出版发行。前几天我在整碟的过程中发现，摄像师给我的五张碟里有两张是空白的，另外两张的内容又完全重复，我就让他重刻一套给我，结果第二次他刻给我还是有这样的问题。我觉得很奇怪，为什么他会重复犯同样的错误？为什么他不检查一下？其实，解决这个问题很简单：检查。光碟刻完查看一下就能解决问题。

由此我想到了企业一些人做事的习惯和风格：工人干完活不检查，上道工序交来的东西下道工序不检查，工人装箱的时候多了少了不检查，反正做任何事情都是一次过。结果就是品质问题层出不穷、客户投诉长期不断……其实，只要老老实实检查一下就能够避免这些问题，而检查又增加不了多少工作量。

这是因为我们养成了根据经验做判断的习惯，“我以为没问题”、“我觉得没问题”，问题往往就是这样产生的。

我们为什么喜欢根据经验判断事情？就是一个“懒”字在作怪。很多企业的人也有“懒汉”的工作习惯，做起事来处处偷懒，结果反而麻烦得不得了，频繁地纠错和返工。

我们为什么会放心大胆地“偷懒”？是因为我们“以为”事情在我们的掌控之中，然后就在“以为”的基础上判断和决策。“自以为是”是我们偷懒的同胞兄弟。

毛泽东说：“没有调查就没有发言权。”这话告诉我们，凡事要查看以后再做判断，不要自以为是。

做管理必须踏踏实实，一步都不能少地做，摒弃经验判断，多去现场查看。这是把事情做好的原则。

那么，管理者去现场要怎么查看？

是不是走到车间到处看？你这样看，除了看到大家忙，是看不到什么问题的。怎么样才能看到问题？我的做法是，派老师在车间待上十几二十天搜集数据，通过数据来看问题。

我们一定要懂得管理上的看，是要用数据来看。

欧博在企业变革中有两件事情是特别重视的，一个是开会，另一个是做表单。开会开的是数据化的会议，以数据说话。做表单也是为了通过表单形成数据，通过数据来判断做事的好坏。掌握数据，就能对问题一目了然，数据是看问题的放大镜。

我管理项目，就要求老师们每天关注数据。我经常问老师们所做项目的数据情况，如现在的品质合格率是多少、原来的合格率是多少、今天产量是多少、每个车间的产量是多少。他要是回答不出来，我就知道这个老师不关心生产；他要是回答出来了，我就知道他深入一线、参与到生产中去了。

所以，**对数据关注是欧博查看问题的主要方式。我们不仅仅关注数据，还关注数据的真实性、有效性和及时性。**有些企业因为基础管理很差，他们虽然也有数据，但这些数据是假数据，是无效的。此外，每天对数据及时更新很重要，我们查企业的 PMC 做得好不好，就看企业的计划表单有没有每天更新。

怎样防止假数据？怎样防止表单内容不更新呢？

只有靠反复的现场检查，尤其是稽核的现场反复检查，才能有效保证该做的动作不要漏掉、该做的事情不要落下、该填的表单认真填写，这样，数据才能真实、有效、及时，管理才有坚实可靠的基础。

第5章
如何激励员工

管理要从人的“感受”出发

一个五金工厂的老板发现自己的员工工作非常散漫，即使工资给得不低，企业的生产效率还是不高。于是他从日资企业挖了位副总过来，效果不行；又去请了美的的人……一年之内换了五六个高管，结果还是不见成效。最后，他想到了他表弟。

表弟是开洗脚城的，连初中都没毕业，也从没进过工厂，因此不愿意去这位老板的工厂做管理，于是老板对表弟说：“管理都是相通的，开洗脚城同样也是要管人的。”

于是表弟来了，他把在洗脚城管人的方法用到了五金工厂。怎么管？第一，他从不坐办公室；第二，每次下车间的时候，他口袋里都装着鼓鼓的钱，谁做得好就直接奖钱。

一个月之后，之前用六西格玛都解决不了的管理问题被他这种简单的方法解决了。半年时间，这家工厂的产能提升了一倍。表弟始终没弄明白这是为什么，他说：“只不过是每天谁做得好，我就发给谁钱这么简单。”

论用脑，表弟肯定比不过日资企业、美的出来的管理人员，但他为什么能够做得比他们还好呢？因为他是用心做管理——他更多地考虑了“人心”的问题。什么是人心的问题呢？就是人的感受。

表弟不坐在办公室里“想”，而是走到车间去、走到生产现场去，因为他明白一个最简单的道理——只有到了现场才有感觉。到了现场，表弟一不讲大道理，二不做思想工作，看谁做得好就给谁奖钱，10 元、20 元……为什么？因为他知道如何去抓人的感受，受到奖励的员工会产生好的感觉，效率就提升了。

表弟的管理方法当然不能作为一个可以普遍推广的管理模式，但这个故事可以让我们明白：**管理首先要从感受出发，而不是让大道理满天飞。关注自己和他人的感受应该是解决管理问题的出发点。**

欧博曾经辅导过的 BM 项目就是这样。2011 年 10 月底，由于 BM 企业开料车间的一个主任辞职走了，因此企业的产量数据也跟着降了下来。很多企业还停留在经验管理阶段，这样的数据下降也是正常现象。

尽管我们采取了很多对策，可产量还是一直往下降。那时欧博项目组陈志国老师大多数时间都待在 BM 集团总部，因此我立即要求陈老师直接到车间去，让他直接去生产现场看每天的数据是多少，也就是让他的感受和生产业绩捆绑在一起，跟企业方的人紧密配合。最后，业绩数据冲上来了。

欧博在做 BLW 项目降低库存攻关的时候，采取的也是这样的策略。这个项目的降低库存攻关取得了非常大的成效，但真正让库存降下来的不是什么管理套路，而是让每个人的感受与业绩挂钩。

该项目PMC（生产计划）经理说过的一句话最能说明这一点："攻关开始后就没睡过一天好觉。"BLW项目组每天都有降低库存的目标，每天都考核目标是否完成，每天对每个人进行奖惩。就是这个"每天、每天"，将库存的数据和人的感受紧密结合，一次一次让感受跟问题捆到一起。

最后，我们用两周降低了270万的库存。2013年有段时间有一个项目组长告诉我，他现在又像在前一个项目一样，每天凌晨四点钟就醒了。从这一点，我就知道这个项目要开始改变了。今早，我又问他："怎么样，数据上来没有？"他说："上来了。"

这两个睡不好觉的例子就是最有力的证据。如果你采取管理措施后，你睡不着觉了，这样的管理肯定会有效，因为管理就是让我们每时每刻的感受跟我们的事情紧密相关，事情不好，感受也不好，自然睡不着。

有时候做管理很简单，我们只需考虑两个方面：**第一，管理者自己的感受跟事情捆到一起了没有；第二，员工的感受跟事情捆到一起了没有**；如果都没有的话，那管理就很难做。

现在的企业里，有脑子的人太多，真正用心的人太少。在企业中将感受与事情捆绑在一起，用心帮企业解决问题才是长远之计。只有这样，我们才能从根本上为企业解决变革的问题，帮助企业提升效益。

25 工资改革，关键何在

工资是调动人积极性的最有效方式。我们在制订工资改革方案的时候，必须要考虑如何才能真正调动人的积极性。有的企业实施工资改革以后，不仅没能调动人的积极性，反而挫伤了人的积极性。甚至有的企业一进行工资改革反而引起工人罢工。

如何制定工资方案才能调动人的积极性？我认为有以下六个方面是要注意的：

第一，工资方案和人的调动都需要以“觉知”作为基础。

“觉知”就是把真相搞清楚，例如每个员工干了什么、干了多少、干到什么程度等。不管是工资方案，还是生产计划运作，都必须以考核作为基础，考核就是查清真相。

其实很多企业的人力资源部门并不清楚各个部门、各个员工的具体工作情况，而各个部门提交上来的考核数据大都是不真实的，企业的工资方案就难以真正调动人的积极性。

有些老板不认可员工提交上来的业绩数据，因为他很清楚工厂究竟出了多少货，不比以前多，而大家算出来的业绩却比以前好，最后他不肯兑现承诺，闹的大家意见不一致。这样的工资改革，首先老板自己就没有积极性。

因此，我们进行工资改革，首先就要建立一个准确的数据系统。**工资改革的难点不在于设置一个合理的标准，而是建立一个准确的数据系统，这是工资改革的基础。**

这就是为什么欧博的老师到企业做管理变革没有马上进行工资改革的原因。因为企业还没建立起一套完整的数据系统——无论是准确的财务数据系统还是基本的PMC（计划管控）系统。这套系统企业要么没有，要么不完整，所以，我们要先把准确的PMC系统建立起来，才能去进行工资改革。

建立了PMC系统，就建立了一套从采购到仓库到车间的基本的表单系统，而数据就来源于表单、来源于流程。

因此，我们欧博提出，**要进行绩效考核、进行工资改革，首先要把PMC（计划部）运作流程做好。**管理活动是环环相扣的，要想通过工资改革来调动人的积极性，并非人力资源部门制订一个看似完美的方案就能实现的。如果人力资源经理对PMC运作一点也不了解，是很难做好人力资源开发工作的。

第二，有了准确的数据系统以后，要使数据系统真正发挥作用，关

键还要对员工填表和传递表单进行严格稽核，杜绝假数据的出现。

方案制订出来以后，我们不要对着方案纸上谈兵，还要检查、落实。

有的管理人员说："这是企业执行力的问题，与我无关，我只管做方案，不管执行落实。"对此，我们欧博策划部的陈经理有句话讲得很好："我们要成为问题的终结者。"如果你认为自己只是设计方案的，别人肯不肯照着做不是你的问题，那你就不是问题的终结者，只是问题的传递者。你把问题传递给了别人，对于别人来说，你就是问题的制造者。

很多企业就是这样，人人都是问题的制造者，总是把问题抛出去，像问题的接力赛一样。**所以，做管理变革就是要让我们企业的管理者、基层员工勇于承担责任，成为问题的终结者。**

第三，考核要注意及时性，有了结果立刻进行考核，不能拖拉。

这关系到人受到刺激后的状态问题。一旦员工的工作有了结果，我们马上考核，马上给他奖励进行刺激，这样他就处在兴奋状态，工作就越干越有劲。当然，这个刺激的度可以是奖励 5 元、10 元，但频率一定要高。这与打牌一样，1000 元一盘他认真玩，10 元一盘他也是这么认真玩，只要赢了马上能收钱，不管多少钱一盘，他的状态都是一样兴奋。

所以我们要知道，**刺激的及时性比刺激的力度重要，**只要频繁地刺激，效果就会好。

第四，考核要有公开、透明，让更多的人参与进来，不能偷偷摸摸地搞。

欧博做的迪欧项目工资改革方案之所有那么有效，就是因为一旦员工取得了成绩，我们就马上公布，让整个车间甚至整个厂的人都知道。

我们进行工资改革一定要树好榜样，让大家知道谁得到了多少奖金，谁的工资又提高了，以此激发大家的斗志。就像买中国福利彩票一样，虽然没人见过中500万元奖的幸运儿，但因报纸天天鼓吹，使大家都踊跃去买。所以，**广泛宣传非常重要。**

第五，方案必须要有阶段性的调整，切记不要一步到位。

很多企业的方案迟迟不能出台，或出台后执行不下去，为什么？因为他们在制订方案的时候往往都想一步到位，而一步到位的方案，又因涉及范围太广、问题太多而难以执行落实。

欧博在帮企业制订这些考核方案、工资方案的时候，往往都有几个阶段性的方案，并事先跟员工做出相关说明，征求大家意见，获得大家的认同与配合，这样我们的方案才能顺利地落实下去。有的方案还要试运行一段时间，一旦遇到问题，马上做出调整。例如迪欧项目的工资改革方案前后就有过几次大修改。

第六，方案的制订要尽量科学。

有的老板认为，只要舍得花钱，没有做不好的方案。重赏之下，必有勇夫。这样的方案是头脑发热下制订的，不是科学的。什么方案才是科学的呢？制订方案前，要对员工进行一系列的测试，以这些测试结果为基础的方案才是科学的。

如迪欧项目在制订工资改革方案之前，就对员工做了一系列的基本测试，像对工作难度系数的确定，就经过了反反复复的测试。我们做的方案是以这些测试为基础的，里面还包含了很多IE工程（工业工程）里的东西，而IE工程就侧重于通过动作研究和动作分析确定难度系数，从而对方案进行科学设计。

㉖ 员工激励的几个误区

我们欧博为300多家企业做了咨询后发现激励员工有四个常见的误区：

第一，只关注人，不关注事。

有些企业也注重调动人，但是只关注人，不关注改变人的事情。

第二，只关注高层，不关注基层。

很多企业以为激励人、调动人就是层层激励，老板把老总调动起来，老总把副总调动起来，副总把厂长调动起来，厂长把经理调动起来，经理把班长调动起来，班长把员工调动起来……层层激励，通过激励一个人最终达到激励一个厂的效果。其实这样做收效甚微。

第三，只关注结果，不关注过程。

有的企业在激励上采取的对策很简单：设一个目标，达到了就奖钱，达不到就扣钱，过程一概不问。

第四，只关注任务，不关注条件。

好像我们只要下一个任务，然后把钱摆在这里，员工自己就会准备条件。然而，事实并非如此。

这里，我重点说一说第一个问题——只关注人，不关注事。

很多企业一碰到关于如何调动人的问题就直接找人事经理。我们要知道，仅仅靠人事经理，人的调动问题是解决不了的。人事经理即使马上就搞 KPI，进行考核，也不一定能解决问题。整个生产过程、物料流动过程和物料采购过程都没有理顺，我们怎么考核？考核谁？

我们谈到人的调动，要养成一个习惯，就是它一定是整个企业的行为，一定是人事经理、生产经理、计划经理等都要协同作战的事情。

我也碰到很多管人事的行政总监跟我诉苦，说别的部门就是不配合。他说别的部门不配合就表示那些事情他一个人是理不清的，需要多部门参与。固然，也有人事经理在采购、计划、车间等部门工作过，但是这样的人毕竟不多，大量的人事经理对具体的生产过程未必清楚，这样他就面临着事情没有理清楚，考核很难进行的难题。

要对员工实行激励，首先要理清事情。

有次我到某企业去，他们老总说："曾教授，你讲的我都赞同，但是我觉得还是要从人入手。把人调动起来了，事情就自然好做。"

"把人调动起来了，事情就自然好做"成不成立？这句话当然成立。问题是人怎么调动起来？**是人调动起来，事情就好做了，还是事情理顺了，人就调动起来了？**

离开事情调动人我们也看到过这种案例，就是把人集中到一家封闭的酒店里，拼命地喊口号，拼命地激励，现场大家感觉改变很大，但回去几天就没用了。

这种激励，说得不好听点就是自己找罪受。这样的激励是没有用的，因为激励要附着在具体的事情上。离开员工所做的事情来实施激励是不可能有好效果的。

我认为做管理要“以人为本，以事为先”。“以人为本”的思想是正确的，但是不从事情切入，人这个“本”就变成虚无缥缈的东西了，最终，“以人为本”就无法真正得以实现。就好像树根不扎在土里，而泡在水中、悬浮在空中，这棵树就要死一样。那么什么是那个“土”？就是我们所做的事情。事情不理顺，事情不搞清楚，“以人为本”就是空话。

我把人和事的关系比喻为水和地的关系。

我们沿着溪流走一走会发现，水流一会儿快一会儿慢，一会儿飞流直下，一会儿又非常慢。那么水飞流直下是它自己往前冲吗？我们可不可以在水后面用力，然后让它使劲地往前流？

很多企业进行三天的激励训练，其实就是相当于在水的后面使劲地把水往前赶。我们要知道，这样赶水是要费很大力的。而如果我们在前面堵，水涨上去之后就又漫过去了。为什么赶也赶不走，堵也堵不住？就是因为水的流动有自己的规律。

水为什么一会儿快一会儿慢？仔细观察我们就可以发现，水的快慢是由地势的高低起伏决定的。当地势陡峭的时候，我们就能看到瀑布；当地势平缓的时候，我们就能看到缓缓流淌的溪流。

水的快慢由地势的高低起伏决定，如果水相当于人，那么，地就相当于我们所做的事。所以，我们不要只是在人的心态上下功夫，而要从事情入手，将人与事捆绑起来。

水的流动由地势决定，人的心态也是由事情决定的。当然就像水也会冲刷着地，对地有反作用一样，人的心态也制约着事情的发展。

用“三九控制法”做好激励

我们欧博推出的“三九控制法”共有九个方法，有四个方法为激励，下面重点介绍四个与激励相关的方法。

要做好激励，第一要做到三要素法（即标准、制约和责任）。

标准和制约实际上还是属于控制的范围，责任属于激励。其实标准、制约和责任就是西方管理学所讲的PDCA循环，就是凡事有结果，多做小循环。标准、制约和责任也是循环，定了标准就要检查，检查就要有奖罚。

激励的本质是什么？激励的本质是对所做的事情进行有始有终的跟进和评价。激励不在于奖钱还是罚钱，莫名其妙地奖，只能制造贪念。

我遇到一位老板，晚上跟管理人员一起喝酒，听说当天是某个人生日，老板就拿出一千元给他，这就是制造贪念。第二天，这个人做错了事，老板又把他乱骂一通，这个人转脸就说老板是个神经病，这个人起了嗔恨心。这就是乱奖乱罚的结局。

清清楚楚、有始有终的激励哪怕只有表扬，不奖一分钱，员工都会很欣喜。奖钱当然更高兴，因为他的付出得到了肯定。如果这件事他的确错了，哪怕不罚他钱，让他站起来，让他跟大家道个歉，他下次都不敢再犯。

让员工对自己的事情负责，就是开发自性的最好方式。你对他做的事进行准确的评价，就是对他的自性进行直接的刺激和激励。

在企业推行生产日计划一定要配上每天的日考核，就是为了凡事有始有终。有标准就一定要有人检查，检查完了以后就一定要有奖有罚，万事都不可以放任自流。

管理的动作可以少做，但是管理的动作一定要闭合。什么叫闭合？有始有终就构成闭合。

欧博做得好的项目，动作根本就不多，两个月也就做一二十张控制卡，对关键的点进行控制，但是每个动作有始有终。搞个小攻关就必须有效果，做张控制卡就要严格查，甚至有些控制卡一个点竟然查了200次，效果非常明显。

第二个激励方法叫分段控制法。

为什么要分段？分段的目的是为了让激励频繁地发生，并且在细节上发生。我们把任务分到每个月，每个月再分到每周，每周再分到每天，这是时间分段。然后再把任务分到每个车间，甚至每道工序、每个机台、每个人，这是空间分段。为什么分段有用？它符合激励就要高频率的规律。

我们制订生产计划时，一定要注重订单交期的分解。如果这点做不好，我们就根本没办法激励。我们既不知道激励谁，又不知道该何时激励，更不知道激励多少，只有等出不了货的时候老板再对着大家乱吼一通。

很多老板就是在这个环节没辙。出不了货，把部门负责人全部叫到一起，结果所有的部门都说这不是我的事，把责任推得干干净净。他们为什么能把责任推干净，因为最终出货不是一个人可以完成的。采购部说："我早就下单买物料了。"仓库说："物料没有回来，我有什么办法?"生产部说："我去领料没有物料。"计划部说："我早就安排生产了。"业务部说："我早就把订单给过去了。"

订单分解一定要做，它便于把时间分解到每个部门，便于我们按部门、按岗位、按个人和按分解后的时间节点进行激励。

做管理一定要避免大而全。系统的方案我们要，小的动作我们要，短时间内见效的动作我们更要。

对所有新开工的项目，欧博策划部都要求项目负责人必须要有半个月之内就能够知道结果的动作，我们把这叫做小攻关。半个月就知道这个小攻关有什么效果，半个月就可以检验它的效果，半个月就能激励一次。没有这样的动作，制订一套生产计划怎么运作的体系，是没有用的。小攻关的时间不超过半个月，范围有时候就是一道工序，人员可能就是几个人，但是能明显看到效果。

这是因为小攻关是调动员工积极性最有效的手段。员工太需要看到自己的力量了，太需要看到自己的成绩了。现在企业的员工已经不知道自己到底能做些什么了，经常因为出不了货，因为质量问题挨客户的骂、挨老板的骂、挨管理人员的骂。

当你的企业弥漫着一种失败情绪、弥漫一种无助情绪的时候，这家企业就已经没有想象力、没有活力了。

一定要把我们的想象力激活起来，想象力就是愿力，有愿力就会心想事成。我们进行一个动作就提高10%的业绩，下一次再进行一个动作又提高10%的业绩，员工就会越做越有干劲。奖励是第二位的，自我肯定是第一位的，大家要相信，**看到自己的力量是最好的激励，自我欣赏是最好的激励。**

激励的第三个方法数据控制法。

数据控制法就是靠业绩来刺激员工，这个业绩必须是数据化的。就像我们批评一个人："你为什么做得那么差？"这能令他生气吗？根本不能！但如果你说："别人能完成99%，你为什么只完成60%？"这样说对他就有刺激。你要对他进行业绩刺激，就要懂得在企业建立基本的数据系统。

企业必须要有基本的数据，因为这是激励的前提。

要把数据系统建立起来，就要建立基本的表单系统。企业可以没有流程（流程文件），但是不能没有表单，可以先表单后流程（流程文件）。管理基础差的企业不要急于制订尽善尽美的流程文件，应该直接从表单切入，把那些基本的、必需的表单建起来。建起表单就马上可以考核业绩，不要把一个流程文件做得很完美再来考核业绩。先表单后流程，我们永远要这样做。

先攻关后体系，先表单后流程，这是有效管理的做法。

激励的第四个方法就是稽核控制法，稽核控制法就是过程激励。

实际上是在过程当中检查你做到没有，是一种过程激励。简单来说，就是一种盯人战术。

稽核控制法就是人盯人战术，让做事的人都觉得背后有一双眼睛盯着你。稽核控制法符合频繁激励的规律。为什么？因为稽核就是一种对过程的频繁跟进。

稽核完了以后，对没有做好的地方要有整改通知。稽核一定要配上以下动作：

第一就是案例分析。对于稽核的结果我们一定要抓重点，并让大家都来分享。好的拿来分享，不好的也要分享。

第二，稽核一定要形成战报，战报要让全公司的人都看到。企业一定要有宣传窗和企业小报，通过这些途径，让所有的人都能看到企业推出的各种动作的执行情况，这样才能发挥稽核的作用。

稽核一定要懂得营造氛围。我们现行的管理体系就是一个官僚体系，所以必须要有一股力量独立于这个体系之外，上通天下通地。上通天，就是通老板，通最高的管理者；下通地，就是通到工人，通到现场。这股管理力量就是稽核。

激励我们一定要遵从这四个方法，才能调动员工的积极性，让员工更好地为企业尽职尽责：

第一个方法是有始有终的激励——三要素法，

第二个方法是化整为零的激励——分段控制法，

第三个方法是明确的业绩激励——数据控制法，

第四个方法是过程的频繁激励——稽核控制法。

28 员工激励要关注的四个细节

激励是调动员工积极性的有效手段，做好激励要注意以下 4 个细节：

第一点，激励的关键在于周期不能太长，频率相对要高，最好一天一次。

这样员工就会处于亢奋状态，员工的积极性就提高了。有的企业搞产能攻关、效率攻关，业绩一路往上冲，就是因为他们通过每天频繁地激励，将攻关的主力军——员工的积极性调动起来了。

有的老板对这种模式不以为然，认为这不是正常的管理。有的人甚至认为，管理就是将程序编好，然后大家照着去做。这固然有道理，可是大家如果没有动力去做，程序编好了又有什么用？大家做起来还是做不好。就好比有了高速公路，有了汽车，但我们能不能到达目的地，还取决于有没有汽油。所以，激励就是汽油、就是动力，而且激励要频繁进行，就像我们开车要频繁踩油门一样，这样才能提高员工的积极性。

第二点，激励要以 PK 形式进行，要进行对比，要分出好坏。

如果大家都一样好，要奖一起奖，还不如不奖；如果大家都一样差，要罚一起罚，也不如不罚。PK 一定要比出好坏或胜负来，人只要在 PK 场中，就一定有积极性。即使他不想拿第一，但是他也一定不愿意被别人比下去；想赢的人或许不多，但想输的人一个都没有。这是人的心理，人的心理就是执着。我们经常看到有些人一起去逛商场买东西，他们要么都不买，要么都抢着买，看谁先买到。这与他们处在 PK 的购物场中有很大的关系。

搞 PK 一开始大家会不以为然，但两三次之后他们就成了“运动员”。就像拳击运动一样，没有人喜欢站在台上与人打来打去，但是天天把他放到拳击台上，天天让他被人打，一段时间后，无论如何他都想跟人打了。

第三点，激励不要老是拿钱做文章，要懂得拿面子做文章。

不管是管理问题还是其他问题，都不是靠钱就能解决的。管理中最核心的因素是人，人不仅仅是靠钱就能搞定的，靠钱就能搞定的人往往都是靠不住的。

钱是一个基础、是一个条件，但是不要以为做管理靠钱就能拉拢人心。

比钱重要的是什么？面子。激励要懂得做“面子工程”，让当事人知道做不好某些事情是挺丢人的。

我们欧博内部管理不重罚款（唯一的罚款就是开会时手机响罚 10 元，迟到罚 20 元），而重拿面子做文章，每周一下午的例会就是非常严厉的批评会，目的是让做得不好的老师觉得不好受，面子挂不住。当然，批评不是瞎批评，而是用事实说话，把事情、把数据摆出来，让被批评的老师看自己做的这些事情为什么不好、数据为什么改变不大，然后让大家评价，这时候项目组长自己都觉得无地自容。他知道如果不做出改变的话，在下个星期的例会上还会被批。

有的老师想用罚款抵消上台接受批评，不行，必须上台接受批评。上完台后还会得到100元，一是为了鼓励他，让他有勇气站在台上一小时；二是作为反面教材的奖励，因为他提供了一个反面案例。这种“奖励”看似无情，但是我们老师没有一个是因为上台挨批评而走的。

所以，我们要懂得建立“面子工程”。但要通过面子来刺激人，就必须掌握员工所做的事情，了解员工的事情以后，该表扬的表扬，该批评的批评。

第四，激惩要大张旗鼓地进行，不要偷偷摸摸地进行。有些企业奖励就像特工碰头一样，秘密地进行；惩罚生怕伤了人的自尊，也躲起来偷偷进行，这样很难取得激励应有的效果。

考核目标，就低不就高

考核的过程一定要避免博弈心态。

很多企业都推行考核，要注意的是，企业在考核的过程中一定要避免博弈的心态。很多企业一搞考核效果就不好，什么原因？因为就像在玩猫捉老鼠的游戏。考核别人的人总想给被考核的人施加压力，被考核的人总想把压力减掉。而减掉压力的方式，一个是谈条件，讨价还价争取有利条件；另一个是转嫁压力，你要考核我，我就把它转给下面的人。

所以，有的企业不考核，大家的积极性还高一点，考核了反而情况更糟糕。什么原因？博弈的心态太重。博弈就像下棋一样，你想赢我，我想赢你。

博弈心态的来源往往是考核者只下指标，只要结果不管过程。反正我把任务给你分配下去了，你怎么做我不管。做考核的人想通过考核来卸担子，大家都是聪明人，你把压力转给我，我那么容易让你转嫁吗？于是博弈就开始了。

我们在博劲恒项目推行考核的时候，为了避免博弈，王老师在做的过程中和企业方的人一起，不仅定目标，还想怎么让员工完成目标，为了员工完成目标他们想了很多方法。

其实，**管理者考核应有的心态是怕员工完不成目标，而不是怕员工完成目标拿到钱。**

希望员工达成的考核目标要就低不就高。

很多企业的问题是目标就高不就低。管理者就想给别人压力，甚至他知道员工完不成才定得那么高。因为他想，就算达到一半也好，他想，100 分你能给我 50 分也不错。他不知道这样对员工积极性的打击是非常大的，所以目标就高不就低就麻烦了。

真正的考核，如果是希望员工达成的，就要就低不就高。不管怎样都要想办法帮助员工完成，因为考核的目的不是为了把你的责任转嫁给他，而是让他有积极性、有兴趣去做。

为什么我们在博劲恒公司进行考核，大家都愿意考核了呢？因为企业考核的动机就是希望大家都能完成目标。

所以在目标的设定上，要以员工能完成为原则、以调动积极性为原则。

为什么博劲恒项目的效果这么明显呢？就是因为大家都动起来了，

不管用什么方式，只有大家有积极性才有效果。所以要让员工完成目标，你就要在过程中设计很多动作来帮助员工完成。博劲恒项目除了确定一个总的目标外，还有很多动作相配套，从现场改善、生产计划系统的完善到员工操作动作的规范等，这些动作不可能是人力资源部经理单独能完成的。

所以我们为了配合考核，就要把生产计划的管控模式、品质改善的动作配套来做，只有这样才能促使员工完成目标。

一次考核不能只让人力资源部经理单枪匹马地干，只有人力资源经理、计划经理、生产经理、品质经理等各部门的系统合作，才能够真正考核到位。

我们做任何事都没有必要压着别人去做，一定要齐心协力才能做好。

30 要“挖潜”，不要“挖人”

前段时间遇到一位企业家，他说他去德国考察的时候发现德国同行的人均产值是20万元，而他的企业人均产值是5万元，国内同行的平均值在3万元左右。他已经远远高出了业内平均水平，但他还是把自己的目标定为人均产值10万元，他说：“做不到这个，就无法跟国外企业竞争。”

我非常赞同他的观点，企业要生存，就必须在效率上狠下功夫，效率是我们摆脱困境的唯一方法。

如何提高效率？**要靠调动员工的积极性，这是提高效率最主要的方法。**

同样的条件下，人均产值一个是5万元，一个是3万元，之所以产生这么大的区别，就是因为员工的积极性不同。所以，企业如果不懂得激励员工、激励下属，效率就不可能提升。

欧博辅导过的一家企业就面临过这样的问题。由于无法准确制订出员工每人每天的任务，无法精确计算每人每天实际完成的工作量，导致我们做了很多流程梳理工作后，都无法看到真正的改变，效率无法提高。

后来欧博项目组经过仔细研究，找到了针对单个员工进行激励的方式，效率马上就提高了。

所以我们一定要针对每个员工的业绩进行及时的激励，这是我们300多个项目验证的经验。

激励、调动员工既是我们企业效率提升的出路，也是我们解决劳动力缺乏的唯一方法。现在，企业都面临人的问题——人员流失严重，招不到人。面对这种情况下，我们该怎么办呢？**显然应该立足于现有人力进行充分开发！**这是最靠得住的方法。

国内中小企业到了应该对员工进行二次开发的时候。

什么是二次开发？一次开发是我们很多员工背井离乡来到企业，这是劳动力的流动。二次开发是劳动力价值的就地开发。

现在很多老板总是羡慕别人的员工，天天动挖人的心思，结果挖来挖去，也没能得到一支好的员工队伍。我认为挖人没错，但应该在人的潜力上挖，把每个人自身的潜力挖出来。

不要通过今天加一千元明天加两千元的方式去挖别人的人，我们欧博从来不挖人，所有做过项目的企业，如果有管理人员想来欧博，我们都会婉言谢绝。我们更不要同行的人，只要在顾问公司干过的人，一概不要，因为他们的坏习性很多。

我们主张挖人的潜力，而不是挖别人的人。怎么挖潜力呢？就是在激励和调动人的积极性上下功夫。激励员工、调动下属是做好管理的基础，没有这个基础，我们做管理就很难有效果。

第6章 管理最终靠改人

31

员工的好习惯才能带来好模式

管理模式不仅是一系列动作的组合，还需要将动作习惯化。

看欧博案例中的动作，很多人往往会不以为然，让人眼前一亮的往往是最后的数据变化。动作很朴素，变化很大，让人觉得莫名其妙。这说明朴朴素素的动作就有用。

企业管理不需要花里胡哨的东西，以前每家企业都在企业门口打一条横幅："本厂通过 ISO9001 质量体系验证。"现在还有人这么打横幅吗？现在那些流程文件要么堆在书柜里，要么堆在别的地方积了一层灰，企业花钱做出一堆堆的流程文件，但都没好好用，真让人痛心。

怎么样才能改变企业呢？

管理不是摆花架子，我认为，管理的核心在于对人的改变。

但要改变人，恐怕很不容易，因为人的习惯是很难改变的。

有一个人想改，会有十个人反对。大家本来整天一起吃吃喝喝，突然哪一天你正儿八经开始要做改革了，剩下的九个人就会觉得凭什么改革，不行，不同意，于是想尽办法把你拖回去。私下就开始议论，开始出难题，开始挑战老板的耐心和胆量。老板此时往往会想：算了，放弃吧，将就着过吧。

所以，改革的核心是人。如果把企业模式理解成流程文件，那很简单，花五百元你就可以去书店把你所需要的流程文件全部买到，然后把名字改掉就可以成为你的模式了。但你的模式只值五百元吗？真正将这些流程文件落实到位五万元都不够，五十万元都有问题。所以，改变人的习惯，这才是真的模式。**你不能打造一支强有力的团队，你的企业模式就是一句空话。**

再好的流程文件都不是模式，铁的团队才是模式。

欧博就没有太多的文件，欧博有铁的纪律，新同事来了看前辈做事就知道欧博的模式是什么了。新同事就开始被同化，他不愿被同化就会自动离开。也有来欧博三天离职的，为什么？因为他没见过这么玩命工作的，他不习惯，就吓跑了。这就是模式。

企业原来的人给新来的人的感觉，我认为那就是企业的模式。

中国人的行为标准是什么？是《论语》吗？假如把《论语》搬出来，很多人连文言文都看不懂。中国人的行为模式是怎么来的？没有一个中国人生下来，父母就给他一套文本让他照着去做。他的姐姐、哥哥、爸爸、妈妈、爷爷、奶奶是怎么生活的，他们的行为准则会深深烙进他的心里，他会照着去做，这就是中国人的模式。

所以企业原来的人的行为准则，会影响新来的人。企业里面首先要形成一种说话的习惯，大家都在说“想走”，都在说“老板不讲信用”，这样的说话方式会深深地影响新来的人。新来的人就开始寻找模式，他们不会到柜子找文件，他们会看一下周围的人，看张三、看李四，他们就是活生生的模子。模子就是模式，即使人走了，企业的那个传统、那个习惯、那个文化，还是被保留下来了，这就是“铁打的营盘，流水的兵”。**营盘不是指厂房，而是指企业的习惯、企业的传统和企业的文化。**

打造团队并不是让人一个不走，企业有流动性是正常的，正所谓“流水不腐”。**打造团队是为了形成一种好的行为方式、语言方式，**大家都是这样说、这样做，结果一个模式就形成了，一个团队就形成了。

所以我们欧博做项目关注的重点就是企业的人有没有按照我们的要求去做、去说。当然，让他们按照我们要求的去说去做是很辛苦的，要反复检查，要关注每个人。

要改变人就得一个个地改，改几个样板出来，再影响周围的人，再扩大，最后一群人就慢慢改变了。**要改的首先是自己，自己做好了，才能去改变别人。**这样做动作很简单、很朴素、很辛苦，但是很有效果。

大家都知道母亲很伟大，但在现实生活中，你会不会天天想起母亲的伟大呢？更多的人想到的是母亲的唠叨和责骂，有时候甚至觉得很烦人。而若干年以后，你才会发觉母亲的伟大。所以，真正去改变一家企业，要知道跟烦恼拥抱、跟烦恼亲吻。烦恼完了会留下深深的烙印，然后才能产生智慧。

把管理做成一种本能。你今天不检查就不舒服，不问一问情况就不舒服，不表扬一下别人就不舒服，这样你就是好的管理者。最后管理就上升到一种爱的层面，由做管理变成爱管理，并乐此不疲，以后还有什么做不好的呢？这就是管理的最高境界。

管理就是生活，要把管理生活化。

改变人要少讲道理，多讲事实

管理究竟在做什么？

很多工厂最直接的回答就是出货。但货今天出了，明天又可能被堵住。货能不能保持顺畅地出，关键在于什么呢？在于人。**所以，管理最终是要改变人。**企业必须要有一个好的团队、有一个好的状态，才能够保证每天都能准时出货。如果人的状态不对，就会影响到人所做的事情。

欧博做过的ST项目、华文项目、大吉项目，都特别注重对人的改变。ST项目做现场改善不仅是为了提高产品质量，改善生产工艺，更重要的是为了改变人，提高人对工作的兴趣，让人发自内心地愿意改善自己的工作，这样企业才能发生根本的改变。所以ST项目最终的数据改变相当大，人均每小时产量提高了40%以上。

怎样改变人？很多企业把改变人理解成骂人和训人，这样改变人会越改越糟。

例如，我看到有人在听陈经理讲欧博做过的BM集团案例时，有点昏昏欲睡，我就狠狠地骂他一通，可能我是骂得舒服了，但他会因此而改变吗？没准下次课他都不来听了。

但如果我让他知道这个案例的价值，让他知道这是BM集团花了200万元跟我们欧博共同做出来的东西，并且它给企业带来了几千万元的利润，而面对这么好的东西他竟然视而不见，这是多大的损失啊！我把这样的事实摆给他看，比骂他更有用。

那么，不骂人、少批评人，多讲道理行不行？例如，我对刚才那个打瞌睡的朋友讲一通大道理，什么对老师不尊重，什么不遵守纪律等，他未必听得进去。还不如给他算一笔账，企业花了200万元请欧博做变革，欧博帮企业赚了几千万元，然后整理成案例，这是一个非常有价值的好东西，你应该珍惜机会好好听。我相信，这笔账会触动他的。所以，改变人也不需要滔滔不绝地讲太多大道理，把账算清楚、把事实摆清楚，他自己会选择改变的，因为这对他有利。

以事实改变人。

通过事情来改变人，要做到两点：

一要频繁。

就像贝尔马项目，我们为了杜绝产品交接时的品管员乱签字现象，特别规定品管员必须在工序产品交接时盖私章，这总算把乱签字现象杜绝了；但品管员却改为在未做检验的情况下，就在交接单上签字盖好章交给车间使用来偷懒；我们狠抓了不做检验就签字盖章的做法，他就又改成一张一张地提前盖章。他总有办法对付你。

但是通过频繁检查、频繁应对，贝尔马产品工序交接时的品管员检查签字盖章的程序终于正常化了。

所以，要通过事情改变人，你就要频繁地做动作、频繁地检查，因为一两次是改变不了人的。

二是细化。

贝尔马项目的工序交接动作做得非常细，细到了每一个人、细到了每一个品质问题、细到了每一天。

海尔工厂的每一块玻璃归谁管，脏了找谁，都是清清楚楚的。我们很多工厂不要说工厂的玻璃脏了找谁了，估计大门坏了，你都不知道找谁。我们学海尔什么？学把每一块玻璃都跟人挂上钩。

贝尔马项目为什么狠抓工序交接？为了解决出货时的尾数问题。到了出货才知道欠数，就把时间延误了，供货周期就会拉长，准交率就会下降。解决这个问题的办法就是一道道工序的清尾、一天天的清尾。怎样才能做到一道道工序、一天天地清呢？就是控制工序交接。通过交接的控制，我们能够准确找到数量问题、质量问题的责任人，是谁的问题谁承担责任，并且快速解决。贝尔马项目准交率能大幅提升就来源于我们对交接这些细节动作的控制。**细化正是频繁的前提。工作做得不细，频繁是没有用的。**

用事情改变人是我给大家的建议。改变人最好的方法是把人的注意力不断地放到事情上去：每天给他具体的任务、给他目标，他的注意力就放集中到事情上去了。

其实，**人的状态受两种力量的支配：一是习性的力量，二是目标的力量。**

首先，我们的状态受习性的支配。

还以上面打瞌睡的朋友为例，那位朋友觉得案例比较枯燥，因此才打瞌睡，这是习性在起作用：没兴趣就不听，不好玩就不玩。但假如陈老师讲案例的时候突然摔一跤，我敢保证那个闭着眼睛的人会睁开眼睛看，因为喜欢看热闹是人的习性。所以，做管理要懂得反习性而动，顺习性而动就不可能成为一个好的管理者。

其次，目标也能支配我们。

假如我说："今天不打瞌睡的人在散会后可以领 1000 元。"我就不相信还有人打瞌睡。你讲道理没有用，给他定个目标，他就有兴趣了。

什么是目标？任务就是目标，PK 就是目标，超额完成任务的奖金就是目标。

欧博的华文案例就证明只要把目标定出来，并且准备好订单评审、主计划、排查等为目标达成的充足的条件，效益就一定可以提升。如果我们不用目标支配员工，习性就会支配员工，他就可能天天"打瞌睡"（不知不觉地工作）。所以欧博老师在项目上做排查、评审、对单等动作，都是为了给员工制订一个明确的、可以完成的、能进行考核和 PK 的个人目标。

管理做到这个层面，人就会慢慢改变。

改变人的突破口——互动

进行一场管理变革是需要互动的。

互动，就要求在改变人这个问题上不要想着一蹴而就，不要想出个方案就狠抓执行，不要想着听一堂课就能恍然大悟彻底改变。人是磨出来的，泡出来的。

那怎么泡？

第一，要动起来。

改变人就是要动起来。就是大家不要经常在方案上讨论来讨论去，方案再好，如果没能把人改变过来，这就是一个差的方案。再差的方案只要大家能动起来，最后把人改变了，也是一个好的方案。

以欧博在理丹项目上帮助企业实施ERP为例。很多企业实施的ERP系统很好，但却难有效运作，特别是生产计划模块，几乎完全靠手工作业。但欧博项目组在理丹项目上就帮助企业实现了ERP中生产计划模块的有效运作。

我们是怎么做到的呢？

从人切入：企业的仓库主管不配合，80%的仓管员不配合，我们一一化解。从仓库到采购，从采购到备料，最后到ERP系统本身，这个过程都不断发生着跟人的摩擦，跟人的碰撞！表面上在抓账物卡的相符率、抓按编码备料、抓七天的连续备料，其实每一个动作要改变的重点都不是这些问题，而是人。

我2004年写的《企业的革命》一书就说过："**ERP在很多企业都不成功，是因为ERP公司没有想到去改变人。**"所以我们不要一开始就想着制订一个很好的方案，只要我们动起来，慢慢把人改变，这个方案就一定有用。

所以，互动的第一个意思是先动起来。不要从理想状态开始，一定要慢慢地从不好做到好。

第二，管理变革一开始我们要懂得双方各让一步。

像我们贝尔马项目进行生产计划一样，不可能一成不变。开始的时候车间还不能很好地配合，怎么办呢？首先计划部门听车间部门的指挥，让车间部门定出生产任务，然后我们再去查看完成情况和数据。查的时候我们就发现车间部门打了埋伏，其实还有提升空间。于是我们和车间部门做了第二次、第三次，甚至第十次的交锋，最终计划定任务就越来越准了。所以要有博弈的心态，要一步一步来。

第三，在互动的过程中，要频繁地去介入细节。

因为是互动，就一定要了解前一个动作有什么用，一步步地发展。第一个动作做得不好，第二个动作就要改一改，第三个动作又改一改，不断地改，这就需要我们对所有动作产生的效果频繁关注。

例如做质量的改善，不管是我们的金诚项目还是ST项目，虽然当时我们一时也难以马上拿出解决问题的方案来，但都是将一个个想法实施，然后看效果，有效果再进行调整，调整后再制订方案去实施，再看实施效果，然后再进行调整。

总之，大家不要把管理变革看成是建房子，由设计院给你设计一套图纸，然后就施工，再住进去。现在很多顾问公司都是这样，把自己当成设计院，向企业卖设计方案，然后让企业造这些房子，这都是瞎扯。为什么不可以这样？因为建房子是跟静止不动的东西打交道，房子是不会改变的。我们做管理是跟活的东西打交道，所以就得不断地互动。

34 懂得改造人生存的“土壤”

管员工从何管起？要从企业人的行为习惯和语言习惯管起。

很多老板在管员工方面很无奈：“新来的这个员工，我给他的待遇和条件都不差，但是为什么他就不努力干？”其实答案很简单，**因为企业原来的人没有努力干，所以新来的人就肯定不努力干。**原来的人做事三心二意，新来的人做事也就三心二意。

企业的“土壤”有什么样的特点，它就会让新来的人形成有什么样的特点。

所以，企业在管人问题上，管控的概念不要太重，如何耕耘好企业这片“土壤”才是最重要的。在企业遇到员工违反制度的事情，遇到员工不执行的状况，你是怎样的态度呢？

员工违反制度你不追究，不执行任务你不追究，他下次还会这样，别人也会跟着学。最后，企业的整个“土壤”就变坏了，大家就会养成不好的习惯。

从“土壤”的角度来看管理，任何一件小事都是大事，因为它会影响整个土质（企业）。我们不要轻视小事情，老子在《道德经》中说："合抱之木，始于毫末。"意思是说所有的大问题都是由一个个小问题形成的，所有的大事情都是由一件件小事情形成的。做企业管理也是这个道理。

在我们欧博，如果有违反制度的事情，我首先考虑的是这件事情对整个团队的影响，我不会因为这个人很重要而不做出处理，不会因为这件事情不重要而改变我的态度，即使付出再大的代价我都要处理。我认为企业在管理上要懂得怎样看待"代价"，要从整片"土壤"的角度看而不是从个人的角度看，不能让一些人把"土壤"给破坏了，因为所有的人都要在这片"土壤"里生活。

生，意味着要有土壤，也就是说，要有一个母体，才可以慢慢地去生。所以，对母体的爱护非常重要，不要因为一点点小事而破坏了母体。

曾有个深圳的老板跟我说："我新办的分厂全部要招新员工，原来企业的那些人都不要了。"因为这个老板觉得原来的那些人风气不行，如果把原来那个团队的风气和氛围放到一个新的团队里，会产生非常强的同化作用。可他最后也没有成功，因为新厂要做的事情需要老厂这边支持，结果老厂的人又陆续到新厂了，新厂的人慢慢又都变成了老厂的人的那个样子了。

我们做管理还不能采取一刀两断的方式，不要以为这个团队、这些人我永远不用了，这样做注定是失败的。我们只能以净化的方式、以改造的方式，慢慢同化，最后把人的习性都改造过来。除了这个办法没有别的办法。

因此，我们要培育出企业的好土质，就要在每一件事情上坚持原则，并且敢于付出代价，而不是在管理上想太多管控的招数。我之所以说人不是管控出来的，就是说管人不是靠一招两招管出来的。

那么，怎么改造企业的“土壤”，让“土壤”变得肥沃？

最简单的方式就是将地里的杂草烧成灰，来增加土地的肥力。因此，地里长出一些杂草不是坏事，企业有一些问题也不是坏事，我们可以通过案例分析，将企业的“杂草”烧成“灰”，来肥沃我们的土地。

我们在烧的时候会产生火花，火花就是问题带给我们的启示和智慧，杂草就是企业人的毛病和企业的问题。通过案例分析，把以往所有不好的问题都拿来做最好的教材，让原来的人知道怎么做是对的，怎么做是错的，同时让新来的人得到学习，这样不断地改，企业的“土壤”就慢慢被改造。

《六祖坛经》里说：“烦恼即菩提。”菩提就是智慧。有的企业看见问题就觉得很讨厌，他不知道把问题拿来分析是最好的教材。把毛病和错误拿来分析，就能不断地让人产生智慧，不断地吸取经验，慢慢地将人改变了。

欧博是不开除员工的，不管谁犯了错，我就告诉他在哪里错了，然后告诉他下一次要怎么做，到新项目上怎么改。试想，如果把人赶走了，新来的人又会好到哪里去呢？重要的是我们要掌握一种改变人的本领。我们欧博绝大部分老师能够把企业里一个个习性不好的人改造过来，是因为他们在欧博内部看到了这种改变经常发生。

我在改变人方面还是比较有自信的，因为欧博的人可以说是“睡着进来飞着出去”，跟“站着进来躺着出去”形成鲜明对比。欧博的老师从进公司几千元一个月到去了其他地方几万元一个月，这个功劳来源于哪里？来源于我对他们的改造，也来源于欧博团队对他们的改造。同时，欧博团队也改变了我，我们是互相改造的。

这个“改”不是指针对某个人用什么招，而是从“风气”的角度做改变，从“土壤”的角度做改变。把原则订下来，然后不断地坚持这些原则，这就是改。改变人不是拿着电棒到处打人，而是立着的一张电网，把你的制度、原则立在这里，谁也不能碰，谁碰谁就触电，触电了他就不敢再碰这张网，然后你要坚持守着这张网，时间一长，就能把人改过来。

改变人跟水滴石穿的道理一样，水一直不起心动念地滴，最终能把石头滴穿。改变人也要坚持原则去改，而不是整天起心动念地琢磨：张三想什么，李四想什么，这小子坏透了，我收拾他一顿……你这样不是改变人，而是培养阶级敌人。

我给大家改变人的建议是：坚持原则，水滴石穿。

35 好管理者，必须是好教练

一个好的管理者应具备两个身份：第一是好榜样，第二是好教练、好师傅。做不到榜样，说明你自己还不够格；做不到教练，说明你的方法还不对，还没有帮人之心。

如果你是好榜样，员工怎么会跟你对立？如果你是好教练、好师傅，员工怎么会和你对抗？有天天跟师傅打架的徒弟吗？不可能有。

在中国农村，天、地、君、亲、师是民间祭祀的对象，其中“师”就是师傅的意思。师傅传授知识、技能，教人做人的道理，因此获得了人们的尊重；徒弟认为师傅对自己要求严格是为自己好；徒弟可以从师傅身上学到很多东西。

作为管理者，我们需要时常扪心自问：

第一，自己的能力比员工强吗？

第二，批评、责骂员工，真是为他好吗？

第三，批完了、训完了，员工能从自己这里学到东西吗？

如果这三点你都做不到，你怎么管人，凭什么管人？有些人说，要做到这三点很不容易，甚至很多老板说："我怎么可能事事强过他？"

怎样才能成为好教练？

我给大家几点建议：

第一点，深入工作细节，尽可能在实际操作上不成为外行。你成不了专家，也别成为外行。

如果我说自己是工厂产品品质、技术、采购、仓库、计划和生产方面的专家，那是假话，这怎么可能呢？但至少能保证我不是外行，为什么这么说呢？

欧博每周一都会进行在做项目的集体评审，一般会有10个，评审由我主持。我做了10年的管理咨询，一周10个案例，一共有多少案例存进我的脑袋呢？一个星期10个，一个月40个，一年500个，10年5000个。不说5000个，1000个案例是有的，有了这1000个案例，什么问题都跳不出这1000个案例，这就叫"孙悟空跳不出如来佛的掌心"。

有些企业老板在企业里什么会都不参加，下属汇报工作，一谈到细节，也不想了解。其实这样你就埋下了一个祸根，以后谈到细节你就是外行，不敢深入下去。在批评下属的时候，也不敢往深处批，只敢拿他的心态、状态来说事。

第二点，设法弥补自身的不足。

我们不可能事事都成专家，只是内行而已，那么怎么才能有效地点评和指导下属呢？可以让下属之间互相点评，或者叫PK。

可以每个星期抽两三个小时，让关键部门的人跟自己全面汇报一下工作，要求他们把汇报内容都做成 PPT，每个人给 15 ~ 20 分钟时间汇报。他们在台上说，你在旁边听，这就可以深入细节。自己不表态没关系，可以让其他人点评，或让他们互相点评，长此以往，肯定会成为内行。

欧博目前有四十多个项目，每星期我都要求项目组负责人以 PPT 的形式汇报项目的进展情况。做了什么、取得的效果是什么，等等，这些项目组负责人一定要汇报，汇报完之后，下面的人开始点评。点评结束，项目负责人下台后又会变成评委，评价其他项目。这种互评的方式很有效，次数多了以后，大家就互相开始较劲了，这对工作是有好处的。

第三点，将工作标准化。

一项工作只有一个人知道怎么做是很危险的，而很多企业的关键部门确实只有一个人知道怎么做。说实话，谁敢得罪他？谁敢点评他？怎么办？这就需要想办法把那些依赖性非常强的工作标准化。

怎么标准化？**通过动作分析、案例分析和工作分析实现，很多企业通过拍录像的方式使工作标准化。**工作标准化以后，我们也就可以把它上升为公司的一种经验和公司的一种模式。

就员工个人来说，如果他什么工作经验都没有，什么工作能力都没有，他能做好管理简直就是天方夜谭。

就公司来说，没有什么成熟的经验，没有什么成熟的模式，是管不好员工的。如果一家企业的管理完全依赖员工的个人经验和智慧，那这样的管理是不能称之为管理的。

能力、魄力、执行力，为何都没用

管理者对管理最大的一个误区是什么？是靠力度、靠能力解决问题。

什么能力强不强，有没有工作能力，执行力、魄力够不够……我们总是天真地以为管理的事情就是一个“力”的问题。

我觉得，大家就是被能力、魄力、执行力这些似是而非的东西害了。

欧博招聘的老师都是从普普通通的企业走出来的，而大学里的博士、教授们也有到欧博来应聘过，我最后都没再用，为什么？

以前我请了华南某大学的一个一级教授帮我做咨询，请他到企业做报告，当天上午的气氛很好，我觉得场面打开了。到了下午，他说学校有个会议要先回去了，他给我留下三个人，说是他带的研究生。结果呢，这些研究生只是简单地发了些调查问卷，然后把问卷收集整理成各种各样的图形，再进行一通理论分析，然后，到底怎么做，他们就不管了，当起了甩手掌柜。天呐，难道在他们的理解中，给企业做咨询就只是这样子的？

从那以后，我就真的害怕这个所谓的“能力”了。我相信这个一级教授肯定很有能力，他带的研究生肯定也有能力，可他们就是不肯动手做事啊！

从那件事以后，我就一直很反感所谓的这力、那力的，能力、魄力、执行力说白了不就是一种资质、一种资格，就跟满天飞的这证、那证似的，就是为了证明某人有做某事的本领而已，一个企业不老老实实地做事，要那么多“能力”做什么。

企业最迫切需要的是什么？是行动、是实践、是执行，而不是行动力、实践力、执行力！很多能力强的人不做事，不做事能力强有什么用？拿来当摆设啊，还不如没有能力的人，至少有自知之明多少能做点事。

很多老板就喜欢把一个能力强的人请到企业，给他定很高的工资，从此以后他就不干活了。其实，**企业要的是能力吗？企业要的是实实在在地做事情的人**。能力是能不能做事，能不能做事跟肯不肯做，完全是两码事。

常常听到有些老板跟我说：“曾教授，我的员工素质太低了（他的意思是指员工能力太差）。”我说：“你错了，他们虽然能力不高，但是如果你把他们调动好了，你那点事情他们绝对能做好。”**现在企业面临的问题不是人有没有能力的问题，而是人做不做事的问题**。大家只要肯做，肯持之以恒地做，企业的问题就能够得到大幅度改善。

欧博在所有项目企业变革所取得的成功及欧博自身都证明：普普通通的人也能够干出大事情。

也有的企业大力提倡魄力，说实话我也很反感。

有魄力的人最容易犯的错误是不关注细节、不关注事情。嗓门高、中气足、拍桌子，其实他不知道员工最怕的是揪住事情的尾巴，而不是怕你凶。

试想作为上司的你，如果能够准确地知道下属已经做的、正在做的、下一步将要做的每一件事，对他们做事流程、做事方法、做事风格了如指掌，你怎么“修理”他，他都没辙。

如果你不清楚他们做的事，你怎么修理他，你都有辙。当然，你不仅要知道下属所做的事情，还要知道细节，你怎么说他，他都只能让你说，连走都不敢走。

欧博每周一下午的例会内容都是讨论老师们存在的问题，即使批评得再厉害，也从来没有一个老师因为受不了批评而走掉的，为什么？就事论事啊，他没做好事情就走了传出去也不好。

魄力是不能帮你管好企业的，迷信魄力，还不如去把事情搞清楚，把假话破掉，那才是有用的。

管理的另一大误区就是“执行力”的问题了。

有人说了，欧博不就是抓执行力吗？错，**欧博抓的是执行，而不是执行力。**一件事被执行了，或没有被执行，我看得见摸得着；但是对执行力，我看不见摸不着。

一件事情你今天执行就是执行，没执行就是没执行，不存在70%的执行，30%的不执行。一件事情的结果，欧博要求只有好或者不好。

一件事情不存在70%的好，30%的不好。面对一件事情，我们只有做和不做的问题。

当事情变成一个力，问题就出来了：这个执行力高不高？是高还是低？这样就有了高和低的问题了。本来事情只有做和不做，因为有了高低，概念就模糊了。例如问："你的执行力怎么样?"回答则是还可以吧、还过得去、相当不错……诸如此类概念模糊的词句，让人就不知道怎么抓执行了。

所谓的执行力其实是把简单的问题模糊化了、复杂化了。欧博不说什么还可以吧、过得去吧、很不错哦……欧博不抓执行力，欧博只抓执行。所以，欧博做项目、做稽核，关注执行，不关注执行力，把一件一件事情做到位就可以了，注重一次一次、一事一事地查，还要反反复复地查，这就是执行。

如果你非要找一个跟"执行力"相近的词，欧博就叫"执行率"。例如查了100次，执行了70次，执行率就是70%，这个可以算得出来。但是我们要清楚，执行率也是建立在执行的基础上的，建立在一件一件抓事情的基础上的。

第7章 欧博工厂管理的精髓

培养三个工作习惯——细、反、知

欧博到底给企业带来了什么？

欧博是在帮助企业做一种训练，而且我们在企业的六个月的时间只是训练的开端，六个月的变革结束以后，企业自己还要继续训练下去。训练什么呢？就是让企业的人养成一种有效的工作习惯、工作风格，即通过一件件的事情去培养企业人细化、反复、觉知的习惯，形成一种企业工作风格。如果企业在项目结束以后还能把这种工作习惯和工作风格保持下来，那就能够解决企业的很多问题。

好的工作习惯可以用三个字来概括——细、反、知。细，就是细化；反，就是反复；知，就是知道、觉知。

欧博做事培养的第一个习惯就是"细"。"细"不是靠脑袋想出来的，是到现场跟员工一起讨论才做得到的。

我们的平平项目就是这样解决品质问题的。平平公司是做食品的，品质方面存在包装漏气的现象。我们项目组老师就到现场去看，发现食品袋在运送带上运送的过程中，一袋袋的食品会经常倒下来，而袋子还没有封口，袋里的油水就会流出来，这样就容易导致封口不严，出现漏气，导致食品变质。这是漏气包品质问题产生的主要原因。

这些问题的原因靠“想”能发现吗？不能！只有到现场看到问题，才知道怎么解决问题。我们知道是食品袋倾倒产生的问题，就可以在食品袋之间牵一条绳让它竖着不能倒下去，问题就解决了。

要把细节做到位，就要养成一种到现场看的习惯。物料有没有？要到现场看一看，要去进行账面排查、实物排查和实物的滚动排查，或者到前工序去看一看，到车间实地去查、去对单。

看了以后还没有发现问题怎么办？继续看，看得更细。一次没看出来，多看几次；一个人看不出来，大家一起来看，就一定能发现问题。

我们要培养的第二个习惯就是“反”，即反反复复的意思。

我们通过不断地看，越看越细，然后看到了问题、想出了对策。但很多管理人员在这个地方又犯错误了，以为想出对策就解决问题了。实际上离解决问题还差十万八千里，甚至压根还没开始，为什么？

有了对策，还需要反反复复地检查执行过程，并且每天查，不厌其烦地查。

所以解决问题，第一，不要想当然，要到现场看；第二，不要寄希望于想对策，要反复查。要相信，我在这个地方反复做了一千次，比你在这个地方只做一百次的效果好。

我们要培养的第三个习惯就是“知”。

不管是细还是反，都要做到知。有的人为什么一天到晚反复做同样的事，但却反复犯同样的错？因为不觉知，不觉知做事的过程，不知道错在哪里。

时刻保持“知道”其实并不容易做到，很多管理者对企业里面的细节和数据并不清楚。例如，那张订单的货究竟能不能按时出，他不知道；产品做到什么程度、做到哪道工序，他不知道；今天到底做了多少，他不知道；产品配不配套，他不知道……很多企业的计划部只管制订计划，却不管计划的完成情况，导致生产的尾数越欠越多。

所以，别以为“知道”那么容易做到。你制订的计划，人家有没有完成你要知道；欠了哪些尾数、应该什么时候补回来你要知道；返工的产品应该什么时候完成你要知道。不光你要知道，还要让大家知道。所以，管理人员要养成“知”的习惯。

细、反、知，是欧博的三个工作习惯和风格。

38
模式在人不在文

管理模式是看不见摸不着的，那么，欧博有没有管理模式？

如果说欧博没有模式，那么欧博怎么会拥有自己的市场（在国内制造型企业管理咨询行业排名第三），怎么会拥有一大批客户并得到客户的认可（现在的客户是自己找上门来的）？如果没有模式，为什么欧博在项目上捷报频频、硕果累累（有数据变化为证）？如果没有模式，为什么欧博在业界的影响越来越大？

如果说欧博有模式，你看到过欧博的模式文本吗？你去问任何一个老师要也要不到，老师会说："我进欧博到现在都没看到过一个模式文本。"的确，欧博没有什么秘籍、没有什么宝典，也没有什么模式文本，但这不代表欧博做事没有标准、没有系统、没有一套自己的做法！

欧博做的300多家企业的几千个项目案例就放在网上，所有人都可以上我们欧博的网站看我们的案例，所有的案例都有详细的动作和业绩数据。你会看到，很多项目做几个月马上就会有效果。这些案例都是真实的，像东鹏陶瓷、箭牌卫浴这些几十亿元的企业案例，我们都做得很成功。这些知名企业在与欧博签合同之前，并没有找我要所谓的“模式文本”，那他们凭什么相信欧博，为什么会找欧博做变革呢？

欧博管理的诀窍在哪里？和欧博打过交道的企业都知道，欧博每周一的内部培训会议展示的案例都有一套规范的做法，只不过这些规范并不是抽象的文字，而是具体的动作。

欧博的标准不在文字上，而在动作上。

这是我做管理多年的深刻感悟：**做管理不要太执着于文字（相）。**为什么？我给大家讲一个故事。

曾有一个老太太拿着《涅盘经》向六祖慧能请教，六祖慧能说：“对不起，我不识字。”老太太说：“你不识字怎么讲经呢？”六祖慧能说：“佛法义理非关文字。”意思是说佛法义理与文字无关，与悟性有关。所以六祖慧能虽不识字，但也能做禅宗六祖（禅宗信众文化人居多），可见文字并非重点。

但很多人还执着于文字，有必要吗？有些人总觉得企业的文字少了、企业的流程少了、企业的制度少了。**但企业里现有的流程制度，企业里的人做到了吗？恐怕真正严格执行的，一个都没有。**

我很早就看破了这一点，从我做管理咨询的第一天开始，看到企业一堆堆的流程文件，我就知道不能从这个地方切入。企业做一个ISO只要8000元，欧博的东西少则几十万元，多则几百万元，为什么欧博的东西价值高？因为欧博知道，让那些文字“落地”才是最重要的。

欧博刚成立的时候也是大量地做流程文件，当时我规定项目组一进企业至少要做36~72个流程文件，结果推行下去根本没有效果。那么多东西要查、要做到位，怎么顾得到效率？对工厂来说，最重要的是效率，老板看到了效率才会找你要流程；如果没效率，老板什么流程都不要了，只会跟你急。

我们从小孩的学习就能看出一个规律：先看、先听、先说，然后慢慢通过文字固化。管理表面上是先确定文字的问题，实际上是一个先说、先看、先做的问题。动作有了，再慢慢地把它变成文字，固化下来，最后成型为模板。所以，我们很多系统文件的东西是到了项目快结束的时候才做出来的。

先动作、先表单、先卡片，后流程，这是欧博管理的原则。

欧博靠这些做法在管理咨询业站住了脚跟。这里要强调的是，即使项目结束，我们也不能依靠大量的流程文件来固化变革的成果，因为所有的模式都只有固化在人身上才有用。

欧博模式存在于动作和案例模板之中。欧博的案例是欧博的无价之宝，有些老师的项目有问题，我就会找相关的案例给他支招，他一看相关案例就知道怎么做了。400个案例才真正是欧博的模板。

欧博绝对不会从任何一家顾问公司或企业挖一个高管做项目组长。你再有本事，到欧博都得做学徒，我们的项目组长就是活生生的样板，你学他做事的风格、学他怎么做PMC、学他怎么做表单。欧博是用人来教人，而不是用字来教人。字是死的，人是活的。

很多大企业或外资企业为什么管理做得好？根本的原因在于他们拥有一批按标准做事的人，他们靠这些人的做事风格来影响周围人，让大家也跟着要求做，管理就好做了。

39 以点切入、以线展开、以面收网

欧博在企业做管理，是从点来做的。欧博的案例都是抓住某一个点来进行的，但欧博本身有一个完整的控制系统——网状控制系统。跟欧博接触，不要产生一种错觉，认为欧博就是做一个动作。

做管理，欧博有三句话：“以点切入，以线展开（线就是两条链——物料链和计划链），以面收网。”这三句话代表了欧博项目推进的节奏。

第一，以点切入。

欧博的项目绝对不会一开始就给企业制订一个很大的系统。很多顾问公司开始就制订一个庞大的系统，系统这么大，怎么可能真正去执行呢？从我们的案例大家能看出，把一个点上的事情执行到位，都要费九牛二虎之力，更何况是一个庞大的体系？

不但顾问公司喜欢这样做，而且很多做管理的人也喜欢这样做，搞一个庞大的体系，搞一大堆流程文件，丢给别人去执行，如果别人执行不了，他就跟老板说：“你的企业太糟糕了，方案我都制订出来了，但

他们不去做，我没有办法。”这样做管理的人，要么是个管理的懒汉，要么是个江湖混混。

欧博做管理讲求实在。我们每周一都有一个内部评审会议用来评审项目，对所有调研完的项目进行策划。只要欧博的老师在方案中写出一大堆动作来，一般都是要被批判的。**与其弄一大堆动作却没有效果，还不如少做几个动作但要做到位。**

做管理一定要以点切入。因为要想在一个点上体现出效果来，需要反反复复地抓，查一次不改，两次不改，那就查十次八次，甚至百次千次。

以点切入，把一两个点做出效果以后，再慢慢地顺着线来展开。

第二，以线展开。

要牢牢抓住物料链和计划链来展开，因为物料链和计划链能够促进出货，最终为出货服务。如果只抓点上的东西，那么出来的效果只是一个点的效果，但如果不紧跟物料链和计划链来做，在出货上未必有效果。

我们也遇到过这种情况，点的成绩很好，但出货的目的没有达到，因为出货不是靠一两个点能做到的。要顺着这两个链条去做，把这两个链条都打通，出货才能够快速。出货是企业的一根指挥棒，而这两条链条最终都是为了推动出货的。这就是以线展开。

第三，以面收网。

点上有成绩了，货也快速出了，那么要把这一套东西稳定下来，就要收网，这就是以面收网。把相关的工作都重新梳理一遍，从品质、技术、人力资源等方面全部重新梳理，然后夯实，最后形成一张牢不可破的控制网。形成控制网以后要维护它，这样企业就会得到一套很好的管理模式。

我们的项目做到三四个月的时候，一定要开始考虑收网的问题，一定要把前期没有做的控制点再排查一遍，开始夯实。如果三四个月不够（有的项目太复杂，或人数太多，三四个月不足以把前面的工作做好），怎么办呢？这时候不要草草收场，也不要做样子，如果需要，就把它放到第二期做。

欧博对企业管理的构思就是这样的：**一张网，两条线，无数个点。**

40
面对市场，如何快速反应

欧博所做的一切，归根结底就是为了解决企业如何快速对市场作出反应的问题，我们的三九控制法、生产管理组合拳、滚动排查、前推后拉都是为了解决快速反应这个问题。

快速反应其实就是敏捷生产。

快速反应说起来容易做起来难。怎样快速？快速反应不是瞎忙，不是一天到晚累死自己。我最反对的就是打疲劳战术。

真正做到快速反应是有学问的，这也应该成为我们生产管理者讨论的核心话题。

我们首先要搞清楚快速反应在生产管理中的必要性。现在很多企业面临的问题是订单的小批量、多批次。

例如，做灯具的企业，有的客户下的订单只有一盏小灯；有的客户下了一批订单，但把订单一分解开来，同款式、型号、规格的产品可能只有两三个，这样的订单你接还是不接？即使批次多，每批款式的要求都不一样，你也必须接。因为你这次不做，下次他们就不找你了。在竞争日趋激烈的今天，你别无选择。

我们毕竟不是像美的、海尔那样的大企业，一张订单几十万件，一上线10天都不用换线，我们中小企业无法做到大批量、规模化地生产。我们上有正规军（大的品牌企业），下有武工队（小的手工作坊），我们不上不下地在夹缝中求生存，没有市场的主导权与话语权，处境很困难。所以，我们就只能有单就接，哪怕是一把椅子的订单也要接。

其实，即使是海尔、美的这样的大企业，也做小批量的产品，甚至还做一些个性化的产品，因为只有这样，他们才能够长期立于不败之地。

我到日本考察的时候，就发现丰田的生产线已经做到了个性化，生产线上的车是五花八门的杂牌军，前一台车和后一台车的规格、型号、颜色都不相同。丰田企业比美的企业大多了，这样大的企业也不只是做大单（不是一张单下的一个款式几万台），对个性化的散单也不得不做。按客户要求，有可能前一台车是红色的，后一台车是黄色的；前一台款式是这样的，后一台款式是那样的。

所以，我们不要幻想着某一天自己的企业变大了，然后就批量化、规模化生产，以为这样就好做了。这只是一个梦，因为**跟零散订单打交道是今后工厂制造业的发展趋势，而这样的订单往往要求加急加快。**

前些年我在一家企业看到一张任务单，上面画了个爆炸图，注了三个“急”字，这样能解决问题吗？如果每张单都是急单的话，就无所谓“加急”订单了。

订单多批次、小批量以及急单、散单的现状，决定了中小企业一定要学会快速反应、敏捷生产。现在乃至将来，企业如何面对急单、插单、散单，以及客户的各种要求？我们必须拿出应对方式。

我们的应对方式就是我们的敏捷生产模式。

我们的**三九控制法、生产管理六大组合拳、滚动排查、前推后拉**都是为了敏捷生产的目的而提出来的方法和手段。

敏捷生产源于20世纪80年代末90年代初，当时因制造业的现状已经对美国的国家安全构成了威胁，美国国防部耗资500万美元做了一份企业调查报告——《21世纪企业发展报告》。他们预估未来制造业的总体趋势将是多批次、小批量，所以，他们提出如何实现敏捷生产将是制造业发展的主要方向。他们联合了多家大型企业来解决这个生产模式的问题，并且找到了解决方案。

敏捷生产是近期才引进我国的，还停留在理论研究上，没有人真正地去进行实证性的研究。我们欧博历时近10年时间，耗资上亿元，有上万名管理人员参与，在实现敏捷生产上已经对300多家企业进行了实践性研究，而且取得了阶段性的成果。这个成果就是欧博的生产管理组合拳、三九控制法、滚动排查、前推后拉模式。

欧博用这套模式为很多企业做管理变革，解决了企业的核心问题，如尾数、欠料、准交率、效率等。我们的滚动排查和生产管理组合拳就是针对生产管理的快速反应，就是破除企业迟钝的管理；我们的生产管理组合拳里面的六个动作就是敏捷生产简单有效的动作。

通过不断地研究、研发，欧博敏捷生产模式经过三个阶段的发展已经基本成型，而且历经 100 多个项目的实践，证明了这套模式的有效性。

41
动作关键要到位

欧博的案例都有很多动作，讲案例说动作，很多人会觉得枯燥，因为他们觉得这些动作好像也没有什么激动人心的东西。但是一讲到数据变化，很多人就开始两眼放光，进入兴奋状态，这些数据可都意味着钱啊。

我总是说，**管理要不就是赚钱，要不就是省钱。**

看看我们欧博所做的日东项目的数据变化：刃磨产出率提升了161.5%，钎焊产出提升了29.9%，包装产出提升了26.3%，这样的变化怎么不叫人兴奋？案例讲到这，大家一下子就兴奋了，眼睛里就开始露出兴奋，特别是很多老板。

可是日东项目仅仅做了六个动作而已。哪六个动作？日生产协调会、日计划、日备料、日稽核、日考核和日攻关，这六个动作就是欧博的生产管理组合拳。这些动作回去照着做，行不行？行。能不能提高161%？不能，能的话就太容易了。

别以为照葫芦画瓢，就能画成瓢。

有的人听了欧博的方法以后就如获至宝，回去就开生产协调会，回去就给每个车间下日计划，回去就提前备料……然后就等着业绩提升161%。如果是这样，我认为差不多就是在做梦。

其实，很多企业差不多都有这种类似欧博生产管理组合拳的动作：哪家企业不开会？只是你可能不是每天开，而是三天开一次，或一个星期开一次；物料准备也有做，但还是有欠料问题；日计划也有制订，但却总是完不成；没有稽核部，但是也会有检查、有考核。我们欧博讲的攻关，就是现场改善。很多企业也有，绝对不是从来不做。但是做了这些，业绩提升161%了吗？肯定没有！所以不要以为记住了6个动作，回去就有161%提升。

很多企业喜欢到处听课，听时听得热血沸腾，回去后工厂却没任何改变！

所以，千万不要以为听明白了欧博的课，知道了生产管理组合拳有六个动作，你就万事大吉了，就可以坐等成果了。

欧博的动作不出彩、不高深，甚至可以说不好看，但为什么刃磨产出率就能提升161%呢？用两个字概括就是“到位”！再换两个字就是“力度”！也就是说，**所有的动作都离不开到位和力度，动作归动作，到位、力度没抓住，动作也没有用。**

你制订了日计划，也搞了日稽核，但是你的日计划、日稽核却没有效果。为什么？不到位，没力度。同样唱《当兵的人》，请阎维文演唱给20万元，你唱连200元都拿不到，区别在哪里？曲子不同？曲调不同？不是，因为你表演不到位，而他到位了，他声情并茂，表情、声音、情绪全部到位。

所以，生产管理组合拳重要，但重要的不是动作本身，而是动作的到位、动作的力度。那怎么确保动作的到位、动作的力度？就是你的动作要体现欧博的“三九控制法”，任何一个动作都要体现这九个方法。

42 以天为单位做管理

欧博的生产管理组合拳就是六个动作的反复，即日协调、日计划、日备料、日稽核、日考核和日攻关，这六个动作都是以天为单位的循环、反复。

日协调。

就是人和人之间、部门和部门之间、班组和班组之间每天碰头（开会或电话沟通），进行信息沟通，并针对异常问题进行协调。

我们现在做管理，人跟人隔着电脑、隔着表单、隔着文件……导致信息不通、指令不畅、问题丛生。

有的业务部门经常由于不了解生产部门的情况，不了解仓库的情况，无法掌握有效的信息，而随意承诺客户，导致准交率低下。也有的企业生产部门不了解业务的情况，急着要的不生产，不着急要的却在生产，最后生产出来的东西堆在仓库，而马上要出货的产品却还在生产。生产部门内部，上工序不知道下工序急着要什么，不着急要的做出来流到下工序，急着要的却没有马上做，导致生产不配套，车间到处堆满了半成品，大家忙得一塌糊涂，货却出不了。这就是企业的现状。

很多企业以为有了ERP就能准确掌握信息，但是电脑里却充满了假的、过时的信息。例如，库存的物料或成品，由于货物进出仓库没有及时录入信息，导致数据不能反映真实情况，生产状况就更不可能在ERP上得到准确的反映了。

这种情况下唯一能解决问题的就是大家随时交流，业务部、生产部经常交流，或每天进行一次电话沟通，生产部就能知道业务部要出什么货，业务部也就知道生产部究竟在做什么了。

每天人跟人交流解决问题，是日协调的一个主要方式。

日计划。

就是每天明确任务，总结昨天的生产情况，确定今天该干什么，计划明天要干什么。

如果我们每天有这种下达任务、检查任务的观念，那么我们就能掌握工作进度，如任务能不能准时完成、怎样进行奖罚、怎样回复客户等情况。

日计划并不是下达个任务这么简单，因为任务要切实可行就必须物料充足、设备正常、人员到位，而这是下一个动作“日备料”的核心。

日备料。

为了配合完成日计划，每天做排查准备工作，排查相应的物料和设备情况，每天循环滚动排查。现在有的企业管理人员就希望今天做了计划、做了排查，未来十天就不用做了，结果生产当中异常频发，计划变成一纸空文。备料排查必须每天做。

日稽核，就是频繁地检查，通过天天检查来改变人的习性。

我们欧博做过的华科项目，就曾经发生过这样的事：稽核员查到机修组长不执行规定，机修组长不仅不承认自己有错，还用手指着稽核员骂他有病。企业的周老板说："他没病，你认为他有病你就拿 50 元去给他治病。"结果那个机修组长就因为说别人有病，不得不拿 50 元（罚款）给人"治病"。

这件事教育了大家，让大家看到了企业变革的决心，此后不执行规定的现象就大大减少了。所以，检查就是为了改变大家的习性，改变人的习性是要下狠劲的。

华科项目在检查方面做得很到位，一个星期就检查了 1600 次，光看数量就吓死人。查一次没有用就查十次，还没有用就查 1600 次，这样反复检查，还有什么改变不了的人和解决不了的问题呢？

有的企业也有稽核，但形同虚设，不起作用。

我们有个恒成项目，当时我一到这家企业，老板就非常高兴，把我带到他的宣传窗前去看，宣传窗上有我说的话，还有我写的《工厂细节控制》这本书里的连环画，整个橱窗都是我的东西。他说："教授，你没来的时候我就已经按你书里的东西做了两个月，该做的动作也做了，还配有两个稽核员，但不管怎么做就是不见成效，我就只有请你过来了。"当时他不知道没成效的原因是什么，其实真正的原因是他在改变人方面下的功夫不够。

后来，我派邓老师负责恒成项目，做了半年，效果非常明显。那么，我们是怎么做到位的呢？第一是较真，第二是让老板和老总真正介入。像华文项目，企业老板就经常参加企业管理变革的活动，所以他们的稽核效果很不错。

日考核，就是检查完以后还要有考核。对做得好的奖励，对做得不好的处罚，考核要每天进行。

日攻关，就是每天对瓶颈问题、特殊问题集中精力进行攻关。

攻关就是实实在在的现场改善，通过有效动作快速解决问题。

从欧博的六个动作可以看出，欧博的管理就是以天为单位，反反复复地做。

人的一辈子就一直在循环往复中生活，反复是有点让人觉得麻烦，但很多麻烦事是一辈子要反复做的，习惯了就好。

43 频繁动作出效果

在执行标准的过程中，我们要通过频繁地关注、互动和激励，去确保大家能够真正地动起来。

会开车的人都知道，开车要时刻踩油门、踩刹车，快了要刹车，慢了要踩油门，有没有人会跟教练说："能不能教给我一套踩一脚发动车以后就不用管的开车模式?"这听起来大家都觉得很可笑，但实际上很多老板在管理上却想找这种一劳永逸的模式。

当然，要想做到把油门一开就不用管了，也有办法，即找一个司机——总经理。问题是很多司机（总经理）的想法跟你一样，也想把油门一开就撒手不管了，于是他找了一个副总。副总又是这样，于是找了几个经理，经理们也是这样，于是找一群主管，主管再把工人当司机。工人司机忙不过来，或者不好好开车，车就熄火了。

你看，老板、老总、副总、经理、主管，全都坐在车上，却个个都不去踩油门、个个都不去踩刹车、个个都不去打方向盘，个个都嚷着：

“谁开的车?”老板说:“我花了钱。”老总、副总、经理、主管说:“我指了路。”然后全指望那一群工人。

这就是我们很多企业的现状,这样的企业管理能不出问题吗?

我们要频繁地打方向盘、频繁地踩油门、频繁地踩刹车,也就是要频繁地关注。如果一家企业从高层领导到基层员工都养成了这种频繁做事的习惯,管理还会不好吗?

但是这个频繁也要分工。并不是所有人都扑上去打方向盘、踩油门、踩刹车。老板主要负责频繁检查这辆车有没有问题;老总主要负责频繁查看行驶路线对不对;经理主要负责频繁查看油门状况如何,踩油门及不及时,刹车灵不灵;主管们要频繁打方向盘。企业这辆车就是这样频繁调整开起来的。

但是,频繁地介入不是频繁地干扰,频繁介入最核心的内涵是频繁地觉知(知情)。

我们不能动不动就给下属下命令,不能随随便便就去指挥,但我们要频繁地去觉知下属做了什么,做到了什么程度,这个很重要。有些人说:“我哪有这个时间去随时查他干什么呀?”其实这很简单,只要你把这件事放在心上,打个电话了解情况,依靠别人去查也可以,有什么忙不过来的?

以我自己为例。我们欧博一般都有四十多个项目同时在进行。首先,我认真听取老师们每周一的汇报,从不缺席,而且会把老师们讲的每个字都听到心里去,深入觉知这个项目已经发生了什么,正在发生什么，将要发生什么，存在什么问题、困难等。其次，认真听我们欧博稽核部的汇报。

所以，知情不代表指挥，频繁地知情、频繁地了解情况是必需的。老板、高管必须频繁了解企业的运作、管理情况。

频繁地介入另一层面的内涵就是频繁地帮助。

我们的下属是需要帮助的，如果我们不去及时帮助他们，让他们经常出现喊天不应、喊地不灵的情况，他们就会变得消极起来。

你作为老板，下属却总是找不着你，或者他们一找你，你总是说："我正忙着谈业务呢，你那个事不算什么。找××老总、厂长去。"这样久而久之，他们遇到解决不了的问题也懒得"喊"了——不管它、随意吧。

所以，当下属提出问题的时候，我们应该想方设法帮助他们解决。如果下属的直接上司能够解决，却没有去帮助，而你知道了，你就可以督促他们的直接上司去帮助；如果需要别的部门协助，你就督促别的部门参与进来。

我就是这样管理我们的项目和帮助老师的。凡遇到我不清楚的情况，我都会马上查资料了解清楚；做项目的老师遇到任何难题，都可以直接打电话给我。在日常生活中，我们都知道"有困难，找警察"，我们在企业管理中能不能做排忧解难的"警察"？

我们要如何知道下面存在哪些困难？一个很有效的方法就是成立稽核部。通过稽核部直接了解下面各个部门的实际情况、具体情况。

有些人说："这不是两条线吗？企业会乱的。"大家有没有注意到，中国军队有一个非常重要的机制，叫政委制。连有指导员，营有教导员，团以上有政委，政委和司令员是平级关系。一个军队里面有两个最高指挥，在军事史上是罕见的，如果按照西方的管理思想肯定行不通，但共产党打赢国民党是离不开这种军队机制的。

所以，我们做企业管理也不要完全把西方管理的那一套照搬过来，我们可以通过建立稽核部直接掌握各个部门的实际情况。

这是因为，一方面，任何消息都靠一层一层传上来，传到老板那里，不仅黄花菜都凉了，而且也容易造成信息失真。

另一方面，如果信息在中层发生了堵塞，情况就会更糟糕。

我们可以通过稽核杜绝这种情况的发生。

44

技术管理的切入点在哪里

技术部门是最难管的，一谈到技术部门，很多人就觉得没法儿管。我跟技术人员打交道比较多，我自己也算技术人员，我觉得管理技术部门对管理者的管理能力是一种考验。

下面以欧博做过的景中景项目为例来说一说究竟怎么做好技术管理。

我认为，技术管理首先需要一个细分的思想作指导，如何细分，主要从以下三个方面来分。

第一，分工明确。

很多企业技术人员一大堆，但是分工不明确。

像景中景公司，技术部长、工程师、设计员都做同样的工作，都直接设计图纸。他们的工作只有干和不干之分，部长和工程师都是直接设计图纸的，设计员就变成打杂的了。结果就是技术部长和工程师很忙，设计员很闲，整体效率低。而且因为部长、工程师都是设计者，缺乏审查，问题较多。

设计图纸应该是设计员和工程师的事，**不能让技术部长设计图纸，要让他来做管理**，这是我们的基本思想。

所以要管好技术部，首先要对技术部的工作进行明确分工，技术管理和技术开发要分开。**有技术开发，没有技术管理是不少企业的通病。**

我们后来对景中景项目提出要求：首先把设计员用起来，让设计员做图纸设计；其次，强化技术管理，让技术部长不做设计，只做技术审查及给大家分派工作。事实证明，这样做的效果非常好。

技术部门的管理一定要有专人来做，这是抓好技术部门管理工作的一个关键。如果企业的技术部门只有一两个人就不存在这个问题了。如果有十个八个，甚至更多，那技术管理工作会直接牵涉整个部门的效率。

第二，把技术工作细分。

现在企业的技术原创水平、原创能力都很低，绝大部分都是模仿。没有几个天才在企业待着，所以没有必要把技术部门神话。**技术工作可分为创造性劳动和机械性劳动，创造性劳动的确很难管控，但机械性劳动完全可以进行标准化管理。**

像宝洁公司，技术部的工程师至少分三种，哪三种呢？

首先是创意工程师，负责找好的创意，创意工程师根本不在技术部门，而是在市场部门，负责根据市场需求的信息形成创意。创意工程师可以说是技术人员，也可以属于市场人员。

然后是结构工程师，结构工程师负责根据创意，选择需要用什么材料和方式进行内部结构的设计来实现这个创意。

最后就是工艺工程师，工艺工程师负责生产的过程，让工人以最大效率来生产产品，工艺工程师实际上与生产部门对接。结构工程师和工艺工程师实际上可以做大量的标准化动作、机械化劳动。

很多企业没有创意工程师，绝大部分企业是结构工程师和工艺工程师在干活，而结构工程师、工艺工程师90%以上的工作可以常规化、机械化，可以进行标准化管理。所以，我们不要觉得技术部门就没办法标准化管理，这是个误区。

第三，把整个技术开发的过程进行细分。

景中景项目就是这样，从协议的草拟，到协议的评审，到协议的签订，到图纸的设计，到图纸的评审，整个技术开发的过程被分成一段一段的。分解以后要掐时间点，根据定好的时间点确定工程师的日计划。细分以后，重要的是要频繁地检查、考核和PK，这样就能取得非常明显的效果。景中景的设计周期整整缩短了一半就是很好的例证。

第 8 章
信念比理念重要

㊺ 完美，可以实现

和欧博打过交道的人，都能感觉到欧博有一种精神，用欧博所做的西科项目张总的说法就是，欧博有一种追求完美的精神。

追求完美是每一个人的想法，但是未必成为每一个人的精神。为什么追求完美成了欧博的精神？是因为欧博的老师在项目追求完美的过程中得到了完美。因为相信完美，所以得到完美，于是不断追求完美。**而很多企业的人往往遇到一点问题就动摇，就退缩，就认为事情要做到完美是不可能的，结果一让再让，最终让出两个字来：残缺。**残缺就是退让的结果。如果企业里的每一个人都具有追求完美的精神，那么企业的很多问题就能解决了。

欧博的森森项目就是在追求完美的过程中跌宕起伏。当时我们推行物料的滚动排查，但企业方在物料滚动排查实行一周后决定取消这种方式，按照他们原来的方式做，因为他们觉得太麻烦了。

我们项目组的甘老师马上将情况反馈给欧博总部，甘老师问我怎么办，我只说了两个字："坚持。"同时我让我们稽核部张经理给森森企业的戴总打电话，表明我们要坚持我们做法的态度。当时虽然戴总答应了，但是两天后我得到的消息却是，他们还是继续了以前的做法。

也就是说，他们迫使甘老师让步了。甘老师不想跟企业方的人对立，因为他觉得一对立就没法合作下去了。于是甘老师对他们说："按你们的方式试行一段时间，继续不下去的时候，你们再找我们。"事已至此，我只能让甘老师告诉企业老板，耽误了时间他们自己负责。

结果因为物料排查不到位，造成经常欠料，不断换线，生产效率下降，8 月的生产异常工时比调研时还高，达到了 1500 多个小时。在事实面前，老板和常务副总决定严格执行欧博的方式，并且意识到怕麻烦是做不好管理的。因为事实证明：越想投机取巧，越会麻烦。

虽然高层认同了，但 PMC 的物控员还是不认同，认为这么麻烦的事，做不到，不愿做。他以为他不干就没人能干，但他没想到的是，欧博项目组的陈老师自己顶了上去，一个晚上就把物料计划做出来了。这个物控员知道撂挑子没有用，后来乖乖回来上班了。

从这个案例我们看到，追求完美是每个人都想要的，但是我们能不能坚信完美是可以得到的呢？

完美来自足够的信心。

我们在森森项目的计划运作中就做到了完美，最后效率提高了，异常工时从1500多个小时降到了500多个小时，减少了2/3的时间。

所以，企业的员工学欧博什么？首先要学一种信心。每个人都在追求完美，但是我们未必相信这个世界上真的存在完美。

欧博老师没有三头六臂，欧博做得非常漂亮的、卓有成效的项目，靠的是老师们做事的那股劲头：一往无前，义无反顾，不相信做不成，只相信做得成。而企业的人就是在怀疑、观望中把时间浪费掉了。

做变革不会没有困难、不会没有问题，但是有问题可以不断修改、不断完善变革方案。森森项目也是在不断修改和完善中做出效果的，例如，原来备料要备10天太多了，那就改为备5天；原来按总数、总类报欠，计划员没办法适应，那么我们改成按单报欠。

只要我们有信心，总能解决问题。

信心来自于哪里？信心来自于我们对企业问题的理解。欧博老师对问题的理解是：**不相信有那么多技术问题，不相信有那么多行业难题，不相信是人员素质问题。**只相信这两句话：**一是该做的没做好，二是能做的没做好。**

森森项目做这么多排查，不是不能做到，只是麻烦一点而已。其实如果每天这样做，也不会麻烦。后来甘老师告诉我，最后物控部、仓管部都认为这个做法挺好。为什么他们会这样认为？第一，习惯了；第二，习惯以后效率高了，工作量就减少了。

很多时候我们认为“不可能”，就是被纸老虎给吓住了。事情一点一滴去理，一点一滴抓落实，一点一滴抓到位，物料一个一个查，计划一个一个做，完成情况一个一个算、一个一个考核，解决问题仅此而已。这是我们做了 300 多家企业的经验总结，可是，有人就是不相信，就是不做。

完美为什么可以达到？因为本来就能做得到，只要你认真去做而已。

46

细节决定成败

细节决定成败，尤其在管理上，细就能出效果。这是我们下面要讲的三个案例的核心所在。

第一个案例是奥林公司项目。

怎样通过细节控制，来提升电镀车间的生产效率？我们主要是通过在备料上做“细”来提升效率的。

（1）针对生产线上严重的空挂现象（空挂等于是浪费了产能），我们规定电镀件上挂之前，要在第一天就把第二天要挂的半成品都准备好，以保证不空挂，这是提高效率的第一个手段。

（2）备料时，要保证上挂的东西在电镀的时候能够批量地做。因为不同的产品电镀所用的原料不一样，电镀处理的方式也不一样，这就需要换线，从而影响效率，所以，在备料的时候要尽可能多地准备一次电镀的量，避免经常换线。

（3）把能够并到一起电镀的东西事先规划好，什么东西跟什么东西可以搭配在一起电镀，这也是降低换线频率、提高效率的方法。

(4) 把挂件和挂具相匹配，这又是在备料上把工作做细的地方。

通过这几个动作，奥林公司的产量提升非常明显。其实我们没有做什么大动作，只是把一件一件的小事情做到位。这个案例告诉我们：**把小事做细、做到位，就能创造业绩、出效率。**

第二个案例是西科项目。

西科项目通过把稽核检查的执行率做细，来提高企业执行力。在稽核检查完成后，不仅要算出总的执行率，还要算出做不到位的动作的执行率，找到究竟哪一个点的执行率最低，然后重点抓这个执行率低的问题点。

把某一个执行率低、做不到位的动作单独拿出来觉知，看这个动作是谁做的，是什么原因造成的。这样针对个人来进行觉知，具有非常强的针对性，很容易有效果。

第三个案例是 FS 项目。

FS 项目的做法就是每天统计员工的生产效率，把进度慢的员工找出来，重点关注和指导最后的那几位，并且对他们实施重点激励。被重点关注的落后员工，不同时间关注的落后员工并不相同。实施这种重点关注策略后，大量的“生手”和效率低的员工都能变得熟练。

细节决定成败。怎样才能把事情做细？答案就在上述案例中。

47

“执行”比“内行”重要

做企业的人都知道“人、机、料、法、环”——人员、机器、原料、方法和环境是影响产品质量的五个要素。但现在一些管理人员把“人、机、料、法、环”讲得头头是道，真正做起来，却效果甚微，甚至没有效果。

为什么在他们那里“人、机、料、法、环”没有用呢?

我经常说ISO做到位，ISO就有用；ERP做到位，ERP就有用；绩效考核做到位，绩效考核就有用，什么事情做到位都有用。

我们看一个案例。富翔公司是一家研发、生产和销售线路板的高科技企业，2011年欧博项目组进驻的时候，黑油板的生产是阻焊工序的最大瓶颈，返工率达50%。

展开黑油板品质攻关后，油墨板返工率一下子从50%降到5.5%，这个效果大大出乎现场管理者的意料，他们认为这简直不可想象。

之所以取得这样好的效果，首先是我们欧博老师和企业方的人一起进行了“人、机、料、法、环”的分析。品质问题无非第一先从人的操作动作入手，第二从材料上入手，第三从设备入手，第四从方法入手，第五从环境入手。

这种分析方式非常有利于我们找到问题，但找到问题以后怎么解决，能否解决才是关键。这就要运用到我们欧博的特殊做法了。什么做法？反复稽核和考核！欧博项目组的黄益平老师说得好：“所有的动作都是企业方自己想出来的，他们想出来后，我们只做一件事，就是每天检查他们做了没有，做到位没有，然后将其制作成动作控制卡。”

制作控制卡时一定要导入三要素，即标准、制约、责任。动作怎么做，清清楚楚；谁检查，清清楚楚；有什么责任，清清楚楚。接下来就是每天检查、每天评比，每天检查完了以后看数据，每天进行奖罚，效果就出来了。

对于线路板生产，欧博的黄益平老师哪里懂？他根本就是个外行，但外行就是解决了内行都认为难的问题。

所以我觉得“人、机、料、法、环”重要，但更重要的是我们能不能天天做这样的管理动作：每天总结，每天表彰，每天批评，每天检查目标达到了没有……也就是能不能每天抓好执行。

现在很多做管理的人，解决问题就认为靠动员会，在会上讲几句激动人心的话了事，然后做不好就认为是下属执行力差，就怪下属，甚至拎一个下属出来开除，这叫管理吗？这不叫管理，至少不叫负责任的管理。负责任的管理应该是下达了某项任务后，从头至尾去检查做了没有、做到位没有。

48
频繁介入，频繁互动

欧博精神：从人出发，频繁介入、频繁互动。

欧博精神在以下五个案例的四个方面的攻关中都体现到了，这五个案例的结果全部都有数据，都有效果。

第一个案例是一片天项目生产任务的突击完成。

欧博自始至终关注人，这是欧博思想的核心。

一片天公司是进行生产任务的突击，当时的任务紧张到几乎不可能完成，结果还是完成了。能够突击完成，就是靠调动员工。人的调动始终是管理的重点。

中国人做管理和西方人做管理还是有很大区别的。西方人做管理是人跟人之间隔着制度隔着框框，所以他们要在制度里面做很多文章，这样才能把管理做好。中国人做管理是人对人，企业里人与人之间的关系是直接的，如果人与人的问题不解决，管理就做不好。

那么，人与人之间怎么发生关系呢？就要靠频繁介入和频繁互动。相处时间长了，人与人之间的关系就好办了。

一片天项目有没有体现频繁介入？在短短的20多天里，为了完成紧急的生产任务，所有的管理人员几乎都扑到了一线，对零散供应商的关注、支援和要求，对员工的调动等都频繁地进行，在这20天里，人与人的关系突然变得非常亲密。管理人员可能平时与零散供应商没有打那么多交道，但这20天里他们跟这些零散供应商所说的话以及互动的次数都是前所未有的，这绝对不是靠做一个方案让大家去执行就能得到的效果。

所以，管理就隐含在他来多少次、你去多少次的频率里，事情增加了、沟通增加了、频率增加了、效果就提高了，管理水平就出来了。讲那么多条条框框是没有用的，我不相信我们欧博项目组在做一片天项目的攻关之前，企业方和供应商沟通和来往的次数有这么多。互动的频率增加，管理的效果就一定会提高，什么样的流程都替代不了这样的互动。

第二个案例是唯格项目关于日计划的实施。

唯格项目同样有频繁介入和互动。维格公司以前没有PMC，管理人员对现状一点都不了解。现在车间做什么，做到哪道工序，管理人员都清清楚楚。通过业务和客户的频繁互动，确保我们的出货计划能够符合客户需求；通过包装和业务的频繁互动，确保我们的包装车间是按着出货需求来做的；通过前工序和包装车间的频繁互动，确保前工序所生产的是包装所着急要的。这样就能保证企业准交率的提升。

维格公司以前经常是前工序生产8000多半成品，而真正配套的只有1000多，产品都堵在中间，准交率很低。这些问题靠流程、制度、文件能解决吗？得靠频繁互动。包装车间跟出货互动，弄清楚到底客户需要什么，马上制订日计划；前工序和包装互动，马上制订清尾计划。互动次数增加了，效果就出来了。

第三个案例是BM项目的品质改善。

BM项目又是怎么互动的呢？对动作控制卡中每天的品质改善动作以及数据进行频繁检查和考核。大家千万不要以为把动作控制卡做出来就万事大吉了，每天频繁地检查和互动是关键。你到底做到没有？你还有什么问题？车间和员工、管理层和车间，每天都要频繁地互动。

第四和第五个案例是雀康项目和旭辉项目的工资改革。

工资改革就是关注人，进行工资改革就是为了调动人的积极性。这两个案例也一样强调的是互动。

旭辉公司每天统计工资，为的是让大家都知道自己每天能拿多少钱。人们对事不知情、对结果不知情的时候往往就会往坏处想，这样干活还能有什么积极性呢？如果让他们每天都知道结果，他们就不会胡思乱想了，心里就踏实了，也就努力干活儿了。

所以欧博的管理就是关注人。关注人就要频繁介入，频繁互动。**做管理就是要勤快。**

49 关注细节，关注频率

GT卫浴是佛山一家生产中高档卫浴家具的生产企业，经过数十年的发展，虽然企业具备了一定的规模，但其内部的基础管理相当薄弱，我们欧博进驻GT公司时，它的订单准交率平均只有22.6%。

这个项目的第一期前三个月的成果令客户非常满意，可以说欧博给他们带来的东西比他们想象的还多。可是到了第四个月，公司老板一算账，就不高兴了，为什么？欧博把准交率从百分之二十几提升到百分之七十几后就上不去了。这位老板认为按照原来的势头，接下来的准交率应该是80%，甚至90%，结果发现到了70%就停住了，他高兴了。

要是一般的顾问公司，人家就会说："我已经给你提高50%了，产量方面都有提升，你凭什么还有意见呢?"有很多顾问公司就是这样干的，客户要是有话说，一锤子就给挡回去。但欧博不这样，我们想的是为什么准交率到了70%就停住了。我们不把它当一个挣钱不挣钱的事情看，而把它当一个问题来对待。为什么停住是有原因的，我们要和企业一起认真查找原因。

当时欧博驻厂老师和企业方讨论，都认为是企业原有的ERP软件导致的问题，因为企业原有的ERP不适合GT的生产模式，企业方高管和我们驻厂项目组老师都一致认为软件问题不突破是没有办法再提升业绩的，于是企业方派人四处考察，试图在软件方面找到解决办法。

但我不这样看，我的工作习惯是，**遇到问题首先在细化和频率上下功夫**！

我到现场很快了解到一个细节：GT的生产系统和业务系统在两个地方，一个在高明，一个在佛山，业务部一个月才给生产部这边发一份出货计划，至于每周要出什么，每天要出什么，并没有详细的对单。这样直接导致生产的盲目性：急着要的产品可能后做，生产出来的又可能不急着要。并且还可能产生客户需求变动而工厂却不知情，导致订单不能准时交的情况发生。

所以我去GT公司做的第一件事就是要求业务部门必须给出周出货计划，因为我认为现在的问题主要就是业务部和生产部的沟通太不频繁所致，两个部门离得那么远，又不互相沟通，一个月份出货计划，能确保出货吗？欧博的管理理念就是频繁，我认为不频繁是很难做好事情的。于是我要求：业务部每个星期必须给生产部一份周出货计划；每天还要沟通一次，哪怕是电话沟通也行；每个星期要一起开一次产销协调会。

工厂这边以前做生产计划是三天滚动，现在我要求他们做七天滚动，多滚动四次，就是今天制订明天到第七天的计划，明天又制订未来七天的计划，以确保每天要出的货在出之前被排查过七次。

遇到问题我们不要轻易另起炉灶，很多做管理的人一遇到问题就另起炉灶。我最早做咨询时遇到过这样一个项目：我一推备料制，项目公司的老总就说不要推，他说他自己推过了，失败了。我说我照样推，但我的推法跟你不同，最后的结果让那位老总很满意。

动不动就另起炉灶往往不是解决问题的方法，只要增加排查的次数，增加滚动的次数，就可以了！就像我们烧水烧到90℃，等了很久还不沸腾的时候，我们只需增加柴火，温度一高，水就烧开了。

我让GT公司的生产计划一滚动就是七天，任何一天的计划在执行之前都被查七次，就是在频率上做文章。不过当时GT公司没有马上按我的要求做，还是拖了一两个星期，最后在我们一再要求下，他们认真去做了，最终取得了令企业老板非常满意的效果。

所以，做管理要有理念，不要仅仅有方法。理念就是信念，就是对一些简简单单的常识性的东西要坚信不移。

BRACE 北京博瑞森图书 图书导读

为了帮助读者更快、更方便地找到自己需要的书，让书发挥最大价值，我们精心制作了这份导读，希望对大家有所帮助！

博瑞森的书，最适合谁来读？

经营者（老板、总经理、董事长、企业家、合伙人、厂长等）和**管理者**（企业高层、中层和部分基层管理者）以及企业的**骨干员工**（思考如何为企业创造更大的价值），你就是我们的读者，共同的战友！

因为我们相信，你就是影响企业发展大局的关键人物，影响你，帮助你，和你共同学习成长，就是和中国企业一起成长！

博瑞森的书，最大特点？

我们坚持"企业视角，本土实践"的出版理念，要对企业实践产生实实在在的作用。

"本土"——理论和思想可以来自古今中外，但一定要适应本土；

"实战"——作者都是从企业、市场中摸爬滚打出来的，实战性是渗到骨子里的；

博瑞森的书，怎样"读"，作用好？

免费电子版，手机随时"读"

我们**90%**的书都提供**免费**的**全文电子版**，下载到手机（或 Pad、电脑）里，让惜时如金的你，获得最大程度的阅读自由！

操作方法：回复图书编号（封底下部或内文第 1 页底部的 4 位数字）和你的邮箱地址。例如回复"1205 + zhang ＊＊＊@126. com"到手机 13611149991，2 个工作日内即可在邮箱收到图书的全文电子版。

QQ 群，读者间讨论着"读"

加入"**博瑞森读者群（202230847、190415943）**"的 QQ 讨论群，你的困惑、感受和读者、作者随时深入讨论！

操作方法：入群口令为"图书名称 + 手机号"。提个醒，群里有事说事，别乱发广告、搞笑段子，会被踢的。

作者见面会，带着问题"读"

"书看了，很好，但还是不知道该怎么做！"——正常，实践没有那么容易。参加作者见面会，带着自己的问题，现场指点很重要！

操作方法：作者见面会每月都有，不收取任何费用。加入我们的微信公号

(bookgood2005)查看或给 bookgood2014@ 126. com 发封邮件,咨询详情。

微信、书摘邮件,天天点滴“读”

“书太厚,不容易读”——通过我们的微信公号(bookgood2005)或者你的个人邮箱,你每周都会收到 2 次博瑞森书的精品书摘,三五百字,便于精华快速地吸收。

操作方法:加入我们的微信公号,或回复你的邮箱地址即可。

更多方式的“读”

我们知道,以上这些还远远不够,你的感受、不满随时告诉我们(13611149991,bookgood@ 126. com),我们一起创造更多、更精彩的“读”……

分类导读图 + 书目

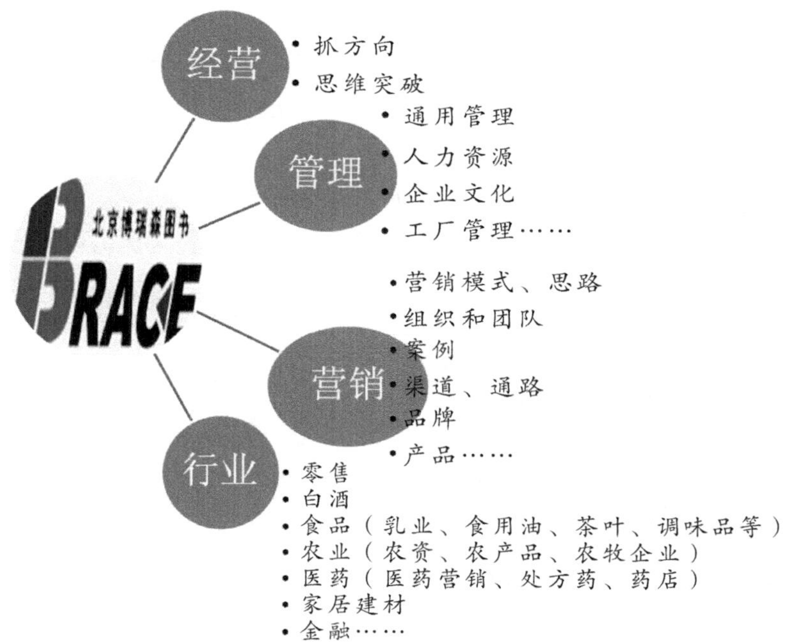

更多实战好书,请关注**“博瑞森图书直营店—淘宝网”**

淘 http://qiyeshudian. taobao. com/

行业类：零售、白酒、食品/快消品、农业、医药、建材家居

书名．作者		内容/特色	读者价值
零售	**涨价也能卖到翻** 村松达夫　【日】	提升客单价的15种实用、有效的方法	日本企业在这方面非常值得学习和借鉴
	1. 总部有多强大，门店就能走多远 **2. 超市卖场定价策略与品类管理** **3. 零售企业招聘与培训破解之道**　【3待出版】 IBMG国际商业管理集团　著	国内外标杆企业的经验＋本土实践量化数据＋操作步骤、方法	通俗易懂，行业经验丰富，宝贵的行业量化数据，关键思路和步骤
	零售：把客流变成购买力 丁　昀　著	如何通过不断升级产品和体验式服务来经营客流	如何进行体验营销，国外的好经营，这方面有启发
白酒	**变局下的白酒企业重构** 杨永华　著　【待出版】	帮助白酒企业从产业视角看清趋势，找准位置，实现弯道超车的书	行业内企业要减少90%，自己在什么位置，怎么做，都清楚了
	1. 白酒营销的第一本书 **2. 白酒经销商的第一本书** 唐江华　著	华泽集团湖南开口笑公司品牌部长，擅长酒类新品推广、新市场拓展	扎根一线，实战
食品	**乳业营销第一书** 侯军伟　著	对区域乳品企业生存发展关键性问题的梳理	唯一的区域乳业营销书，区域乳品企业一定要看
	食用油营销第一书 余　胜　著	10多年油脂企业工作经验，从行业到具体实操	食用油行业第一书，当之无愧
	中国茶叶营销第一书 柏　龑　著	如何跳出茶行业"大文化小产业"的困境，作者给出了自己的观察和思考	不是传统做茶的思路，而是现在商业做茶的思路
	变局下的快消品营销实战策略 杨永华　著　【待出版】	通胀了，成本增加，如何从被动应战变成主动的"系统战"	作者对快消品行业非常熟悉、非常实战
	调味品营销第一书 陈小龙　著　【待出版】	国内唯一一本调味品营销的书	唯一的调味品营销的书，调味品的从业者一定要看
农业	**农资营销实战全指导** 张　博　著	农资如何向"深度营销"转型，从理论到实践进行系统剖析，经验资深	朴实、使用！不可多得的农资营销实战指导
	农产品营销第一书 胡浪球　著	从农业企业战略到市场开拓、营销、品牌、模式等	来源于实践中的思考，有启发
	变局下的农牧企业成长9大策略 彭志雄　著　【待出版】	食品安全、纵向延伸、横向联合、品牌建设……	唯一的农牧企业经营实操的书，农牧企业一定要看
医药	**新医改下医药营销与团队管理** 史立臣　著	探讨新医改对医药行业的系列影响和医药团队管理	帮助理清思路，有一个框架
	医药营销与处方药学术推广 马宝琳　著	如何用医学策划把"平民产品"变成"明星产品"	有真货、讲真话的作者，堪称处方药营销的经典！
	新医改了，药店就要这样开 尚　锋　著	药店经营、管理、营销全攻略	有很强的实战性和可操作性
建材家居	**建材家居营销实务** 程绍珊　杨鸿贵　主编	价值营销运用到建材家居，每一步都让客户增值	有自己的系统、实战
	建材家居门店销量提升 贾同领　著　【待出版】	店面选址、广告投放、推广助销、空间布局、生动展示、店面运营等	门店销量提升是一个系统工程，非常系统、实战
工业品	**工业品解决方案营销真案例** 刘祖轲　著　【待出版】	用10个真案例讲明白什么是工业品的解决方案式营销，实战、实用	有干货、真正操作过的才能写得出来
	变局下的工业品企业7大机遇 叶敦明　著　【待出版】	产业链条的整合机会、盈利模式的复制机会、营销红利的机会、工业服务商转型机会……	工业品企业还可以这样做，思维大突破
金融	**精品银行管理之道** 崔海鹏　何屹　主编	中小银行转型的实战经验总结	中小银行的教材很多，实战类的书很少，可以看看

续表

经营类:企业如何赚钱,如何抓机会,如何突破,如何"开源"			
	书名. 作者	内容/特色	读者价值
抓方向	让经营回归简单. 升级版 宋新宇　著	化繁为简抓住经营本质:战略、客户、产品、员工、成长	经典,做企业就这几个关键点!
	企业由小到大要过哪些坎 卢　强　著	老板手里的一张"企业成长路线图"	现在我在哪儿,未来还要走哪些路,都清楚了
	企业二次创业成功路线图 夏惊鸣　著	企业曾经抓住机会成功了,但下一步该怎么办?	企业怎样获得第二次成功,心里有个大框架了
	老板经理人双赢之道 陈　明　著	经理人怎养选平台、怎么开局,老板怎样选/育/用/留	老板生闷气,经理人牢骚大,这次知道该怎么办了
	企业文化的逻辑 王祥伍　黄健江　著	为什么企业绩效如此不同,解开绩效背后的文化密码	少有的深刻,有品质,读起来很流畅
	使命驱动企业成长 高可为　著	钱能让一个人今天努力,使命能让一群人长期努力	对于想做事业的人,'使命'是绕不过去的
思维突破	跳出同质思维,从跟随到领先 郭　剑　著	66个精彩案例剖析,帮助老板突破行业长期思维惯性	做企业竟然有这么多玩法,开眼界
	7个转变,让公司3年胜出 李　蓓　著	消费者主权时代,企业该怎么办	这就是互联网思维,老板有能这样想,肯定倒不了
	麻烦就是需求　难题就是商机 卢根鑫　著	如何借助客户的眼睛发现商机	什么是真商机,怎么判断、怎么抓,有借鉴

管理类:效率如何提升,如何实现经营目标,如何"节流"			
	书名. 作者	内容/特色	读者价值
通用管理	1. 让管理回归简单. 升级版 2. 让用人回归简单 3. 让经营回归简单. 升级版 宋新宇　著	宋博士的"简单"三部曲,影响20万读者,非常经典	被读者热情地称作"中小企业的管理圣经"
	边干边学做老板 黄中强　著	创业20多年的老板,有经验、能写、又愿意分享,这样的书很少	处处共鸣,帮助中小企业老板少走弯路
	阿米巴经营的中国模式 李志华　著	让员工从"要我干"到"我要干",价值量化出来	阿米巴在企业如何落地,明白思路了
	欧博心法:好管理靠修行 曾　伟　著	用佛家的智慧,深刻剖析管理问题,见解独到	如果真的有'中国式管理',曾老师是其中标志性人物
	1. 用流程解放管理者 2. 用流程解放管理者2 张国祥　著	中小企业阅读的流程管理、企业规范化的书	通俗易懂,理论和实践的结合恰到好
人力资源	走出薪酬管理误区 全怀周　著	剖析薪酬管理的8大误区,真正发挥好枢纽作用	值得企业深读的实用教案
	回归本源看绩效 孙　波　著	让绩效回顾"改进工具"的本源,真正为企业所用	确实是来源于实践的思考,有共鸣
	集团化人力资源管理实践 李小勇　著	对搭建集团化的企业很有帮助,务实,实用	最大的亮点不是理论,而是结合实际的深入剖析
	人才评价中心. 超级漫画版 邢　雷　著	专业的主题,漫画的形式,只此一本	没想到一本专业的书,能写成这效果
	我的人力资源咨询笔记 张　伟　著　【待出版】	管理咨询师的视角,思考企业的HR管理	通过咨询师的眼睛对比很多企业,有启发
	本土化人力资源管理8大思维 周　剑　著	成熟HR理论,在本土中小企业实践中的探索和思考	对企业的现实困境有真切体会,有启发
企业文化	华夏基石方法:企业文化落地本土实践 王祥伍　谭俊峰　著	十年积累、原创方法、一线资料,和盘托出	在文化落地方面真正有洞察,有实操价值的书
	企业文化的逻辑 王祥伍　著	为什么企业之间如此不同,解开绩效背后的文化密码	少有的深刻,有品质,读起来很流畅
	企业文化激活沟通 宋杼宸　安琪　著	透过新任HR总经理的眼睛,揭示出沟通与企业文化的关系	有实际指导作用的文化落地读本

续表

生产管理	**高员工流失率下的精益生产** 余伟辉　著	中国的精益生产必须面对和解决高员工流失率问题	确实来源于本土的工厂车间，很务实
	车间人员管理哪些事儿 岑立聪　著	车间人员管理中处理各种“疑难杂症”的经验和方法	基层车间管理者最闹心、头疼的事，‘打包’解决
	1. 欧博心法：好管理靠修行 **2. 欧博心法：好工厂这样管** 曾　伟　著	他是本土最大的制造业管理咨询机构创始人，他从400多个项目、上万家企业实践中锤炼出的欧博心法	中小制造型企业，一定会有很强的共鸣
	欧博案例1：生产计划管控 **欧博案例2：品质管理** **欧博案例3：工厂效率提升** 曾　伟　著　【待出版】	最典型的问题、最详尽的解析，工厂管理9大问题27个经典案例	没想到说得这么细，超出想象，案例很典型，照搬都可以了

营销类：把客户需求融入企业各环节，提供“客户认为”有价值的东西

	书名．作者	内容/特色	读者价值
营销模式	**变局下的营销模式升级** 程绍珊　叶宁　著　【待出版】	客户驱动模式、技术驱动模式、资源驱动模式	很多行业的营销模式被颠覆，调整的思路有了！
	卖轮子 科克斯　【美】	小说版的营销学！营销核心理念巧妙贯穿其中，贵在既有趣，又有深度	经典、有趣！一个故事读懂营销精髓
	弱势品牌如何做营销 李政权　著　【待出版】	中小企业虽有品牌但没名气，营销照样能做的有声有色	没有丰富的实操经验，写不出这么具体、详实的案例和步骤，很有启发
组织和团队	**升级你的营销组织** 程绍珊　吴越舟　著	用“有机性”的营销组织力替代“营销能人”，把营销团队变成“铁营盘”	营销队伍最难管，程老师不愧是营销第1操盘手，步骤、方法都很成熟
	用数字解放营销人 黄润霖　著	通过量化帮助营销人员提高工作效率	作者很用心，很好的常备工具书
	成为优秀的快消品区域经理 伯建新　著	37个“怎么办”分析区域经理的工作关键点	可以作为区域经理的‘速成催化器’
	一位销售经理的工作心得 蒋　军　著	一线营销管理人员想提升业绩却无从下手时，可以看看这本书	一线的真实感悟
案例	**我们的营销真案例** 联纵智达研究院　著	五芳斋粽子从区域到全国/诸贝尔瓷砖门店销量提升/利豪家具出口转内销/汤臣倍健的营销模式/娃哈哈联销体	选择的案例都很有代表性，实在、实操！
	招招见销量的营销常识 刘文新　著	如何让每一个营销动作都直指销量	适合中小企业，看了就能用
产品	**产品炼金术** 史贤龙　著	帮助企业对打造畅销产品有一个全局性、框架性的认识	必须具备的思维和方法，避免在产品上再犯大的错
品牌	**中小企业如何建品牌** 梁小平　著	中小企业建品牌的入门读本，通俗、易懂	对建品牌有了一个整体框架
	采纳方法：破解本土营销8大难题 朱玉童　编著	全面、系统、案例丰富、图文并茂	希望在品牌营销方面有所突破的人，应该看看
渠道通路	**传统行业如何用网络拿订单** 张　进　著	给老板看的第一本网络营销书	适合不懂网络技术的经营决策者看
	采纳方法：化解渠道冲突 朱玉童　编著	系统剖析渠道冲突，21个最新的渠道冲突案例、情景式讲解，37篇专题讲义	系统、全面
	快消品营销与渠道管理 谭长春　著	将快消品标杆企业渠道管理的经验和方法分享出来	可口可乐、华润的一些具体的渠道管理经验，实战

欧博工厂管理丛书

书名及作者	内容简介
欧博心法：好管理靠修行 曾伟　著	曾伟既是佛学的资深研究者，又多年从事工厂管理咨询工作，自己也是老板，深谙管理之道，本书做到了深入浅出地讲解佛理与其中的管理智慧
欧博心法：好工厂这样管 曾伟　著	工厂管理无非就是：人难管、事难控，本书从管人和管事两个方面帮助读者解决问题，分享了欧博多年实践中总结的方法、经验
欧博案例一：工厂要这样做生产计划 曾伟　曾子豪　著	欧博实行驻厂式咨询，本书精选 8 个关于生产计划的落实案例，采用对话的方式，对实操案例进行了夹叙夹议的讲解，从问题分析到解决方案提出，最后重点在如何帮助工厂一步步落实，案例系统、细节、全面、实操
欧博案例二：工厂要这样做品质管理 曾伟　曾子豪　著	本书精选 8 个关于工厂品质管理的落实案例，从问题分析到解决方案提出，最后重点在如何帮助工厂一步步落实，案例系统、细节、全面、实操
欧博案例三：工厂如何做好人员管理 曾伟　曾子豪　著	本书精选 7 个案例，关于工厂成本控制、人员绩效考核、薪酬方案制定、细节管理提升效率、内部横向控制、人员执行力提升几个具体问题，采用对话的方式，案例系统、细节、全面、实操